ANTIJOGO

ADRILLES JORGE
ANTIJOGO

1ª edição

EDITORA RECORD
RIO DE JANEIRO • SÃO PAULO
2015

CIP-BRASIL. CATALOGAÇÃO NA FONTE
SINDICATO NACIONAL DOS EDITORES DE LIVROS, RJ

J71a

    Jorge, Adrilles
        Antijogo / Adrilles Jorge. — 1. ed. — Rio de Janeiro : Record, 2015.

    ISBN 978-85-01-10618-6

    1. Poesia brasileira. I. Título.

15-24780   CDD: 869.91
                                                                                       CDU: 821.134.3(81)-1

Copyright © Adrilles Jorge, 2015

Projeto gráfico e composição de miolo: Renata Vidal
Foto de capa: Daniel Magalhães

Todos os direitos reservados. Proibida a reprodução, armazenamento ou transmissão de partes deste livro, através de quaisquer meios, sem prévia autorização por escrito.

Texto revisado segundo o novo Acordo Ortográfico da Língua Portuguesa.

Direitos exclusivos desta edição reservados pela
EDITORA RECORD LTDA.
Rua Argentina, 171 - 20921-380 - Rio de Janeiro, RJ - Tel.: 2585-2000.

Impresso no Brasil

ISBN 978-85-01-10618-6

Seja um leitor preferencial Record.
Cadastre-se e receba informações sobre
nossos lançamentos e nossas promoções.

Atendimento e venda direta ao leitor:
mdireto@record.com.br ou (21) 2585-2002.

EDITORA AFILIADA

SUMÁRIO

11   Apresentação

DO DESEJO E OUTROS AFETOS

15   Amor

16   Declaração

17   O que se busca

18   Declaração de amor

19   O ódio me sustenta

20   Aqui

21   Proximidade

23   Dado

24   Koussa

25   Vingança

26   Chantagem

27   Oferta

29   Criança

30   Do que venha a ser

31   Vir a ser

33   Objeto indirecionado

34   Perpétua

36   Herói moderno

37   Milagre

38	Padeço do que desejo
40	Os apetites de Janaína
41	Receita de preguiça virtuosa
43	Enterro de uma possível ressurreição
44	Saldo possível
46	Feliz
48	Visível cegueira
49	Contradições coerentes e inconclusivas
50	A verdade me persegue
52	Meu Credo
53	Louvor
54	Prece
56	Entregue
58	Traição
60	Um amador
61	Necrológio de um permanecente
63	Projeto
65	Colheita
66	Utopia do futuro do pretérito
67	Quitanda
68	Lembranças da nova era
69	Pragmatismo quase utópico
71	Castelo
72	Ligeiro questionamento metafísico
73	Sono
74	Ascese
75	Revolta
76	Nunca, ainda, sempre
77	Da arte
78	Da beleza: baixas acepções
79	Sem musa
80	Fábrica
81	A um amigo

82   Partida

83   Meu desejo

DO QUE FALTA

87   Quod erat demonstrandum

88   Falta algo

90   Nada menos

91   Meu avô morto

93   Valores

95   Conto

97   Jovem ancião

99   Manifesto da inabilidade

100   Distração

101   Que, onde, quando

102   Conselho ressurrecto

103   Da inviabilidade da impossibilidade

105   Ventre

106   Uma outra face

107   Desabitação

108   O que não vejo

109   Roubo

111   Um vencido quando vence

112   Conselho

113   Perdão

114   Pedido

115   Ignorância

116   Antologia do engano

117   Aquela que se foi

118   Edição

119   Retrato

120   Álbum

121   Desaforo afetivo

122   À espera

123	Não destemperado
125	Poema do desamor
126	Soneto indolente
127	Perda de tempo
129	Porque
131	Posses
133	Sentido
134	Festa
136	Disfarces do óbvio
137	O enxadrista
138	Cantiga de acordar nº 2
139	Falta
140	Minto
141	Fugir de si
142	Semiperdas

DO CORPO E SEUS SENTIDOS

145	O sangue corre
147	Estilhaço de um reflexo partido
148	Fundo sem superfície
149	Gênese
150	Árvore
151	Um certo andar
152	Autofagia
154	Invisível
155	Ar
156	Sentidos
157	Pele deserta
158	Nós
159	Mesmos contrários
161	Território
162	Conto de fadas revisitado
163	Autópsia de um sobrevivo

164	Vidicídio
165	Cronologia da dor perene
167	Um corpo à espera de uma eutanásia ou possível ressurreição que seja
169	Apologia ao urubu
170	Um cão, apenas
171	Forma
173	Oratória
174	Das impossibilidades da indiferença
175	Claustro móvel
176	Multiverso
177	Horizonte
179	Na treva
180	Gravidade
182	Teoria da interdependência
184	Um gesto
185	Não basta
186	Em nome de quem
187	Anatomia da espera
188	Em mim renasce o meu fim
189	Autismo utópico
190	Sadomasoquismo
191	Pathos
192	Antijogo
195	SOBRE O AUTOR

Apresentação

Não se chega à poesia por um caminho fácil. Embora, ao contrário do que se pensa e diz, a conceituação de poesia seja algo quase simples. Poesia é a experiência de subversão da linguagem, de retradução, reconfiguração e transformação de toda tentativa de comunicação. Sabendo-se que a linguagem é o elemento vivo da comunicação e que a comunicação é o elo mais precioso que funda a humanidade, e que dá sentido à existência, a poesia é também uma tentativa de tradução, reconstrução e transformação da própria humanidade e seu sentido de vida.

Simples e megalomaníaco assim. A explicação da simplicidade do conceito de poesia é, pois, ao mesmo tempo, a explicação da dificuldade imensurável de seu caminho e gênese. Para se chegar à poesia é preciso perceber – na própria carne – que todo sentido de linguagem, de comunicação, é uma tentativa exasperada de dar sentido e ordenamento à vida mesma. E que desordenar a linguagem (e a vida) para tentar capturar o que as próprias palavras não conseguem dizer é uma tarefa de antemão fracassada em sua utopia. Mas uma utopia que dá sentido ao caminho para este lugar nenhum que espia todos os lugares. Explica-se: a poesia é a mais extraordinária e sublime das frustrações. Tentar expressar o inexprimível é a tarefa paradoxal do poema. Colocar em palavras o que as palavras não alcançam em significado significa explodir e reconstruir o significado da palavra, do discurso, da linguagem e daquilo que a linguagem representa, que é a configuração do mundo. A poesia é a expressão viva de tangenciar o impossível.

Mas impossível mesmo é aceitar as coisas como são, ou melhor dizendo: impossível é aceitar as coisas como mostradas à primeira vista. Porque não há vista que se sustente a uma segunda, terceira e infinita olhadela. O olhar multiplica o visto, a descrição expande o fato, o sujeito inaugura o objeto sucessivamente, o poeta transforma a palavra que simboliza todas as coisas.

E porque as coisas não se cansam de não se definir, me tornei poeta. Os mais de cem poemas aqui reunidos são uma parte do que fiz ao longo de vários anos. Anos em que coisas como o sofrimento, a perda ou mesmo a alegria, o afeto, o riso, nunca conseguiram repousar em um sentido absoluto. Porque, somada à curiosidade daquilo que se cria constantemente – a linguagem, a vida –, vem a vontade de transformar o que se escreve e que se vive.

Tomando a vida como um jogo – jogo de linguagem, jogo de estruturação cultural –, pode-se perceber que, na edificação lúdica da fábrica de sentidos, o poeta se inscreve como um antijogador que desordena as regras claras de construção, lançando trevas diáfanas sobre a pretensa luz que ilumina parte da percepção da razão. No mito de Platão, os habitantes da caverna só enxergavam as sombras das luzes de fora, que eram o esboço da razão. Mas as luzes da razão não bastam e refletem o esboço de alguma luz maior que atravessa toda percepção. É função da poesia tatear esta luz.

O "antijogo" do poema joga para além das possibilidades e regras da vida que é jogada às claras, iluminando a escuridão limitada de nossa percepção. Através da palavra, sua superação e transcendência; através da vida, sua superação, tradução e permanente transformação. Assim se joga e se nega o jogo formal e se supera o jogo formal. Assim se cria, se subverte, se inventa, se transforma este jogo de linguagem imprecisa de que precisamos, que é a vida.

Adrilles Jorge

DO DESEJO
E OUTROS AFETOS

Amor

Lembro-me de você
não como era,
de como o momento a pintava:

no esboço da memória inacabada
sempre presente
mesmo no instante ausente
no ideal que me faltava

Lembro-me do meu traço
que lhe acariciava
e criava
para que eu pudesse me esquecer
de um dia poder perder
sua imagem fabricada

Lembro-me sempre agora
de refazer seu desenho
em todos os amanhãs

para que o esquecimento
se esqueça de si
a todo momento
e não resista
à sua presença
eternamente recriada.

Declaração

Eu te amo aos pedaços, fatiada
ao acre tempero da ilusão
entranhada no desgosto do nada
desejada nos desvios do não

Amo em ti a negativa atávica
atada ao meu reflexo martirizado
Amo tua sombra previamente trágica
fossilizando meu futuro macerado

Amo o desvelo dos descaminhos cruzados
percorrendo a pele ilícita do teu corpo etéreo
Amo a tortura do tempo nos olhos varados
ressoando nas vísceras de um feto funéreo

Amo a frágil inconsistência de um fracasso
realizado às margens de um toque consumado
Amo, qual Cristo, crucificar-me em quase abraço
a revelar a insânia de um amor crucificado

O que se busca

O que se busca
é algo a se buscar
algo que desvie
do caminho para parte alguma

Do que se foge
é tudo onde repousa
toda a paz que pesa
sobre o horizonte estéril

O que se faz
é a invenção desmedida da rota
ainda que o que se ache
seja a chegada de outra volta

O que se busca
é a bússola que norteia o rumo da queda
onde, por perdido,
quem se busca é algo a ser buscado

Declaração de amor

Prazer em receber teus beijos estéreis, tuas mentiras escamadas
teus lugares-comuns que revelam verdades viáveis
que duram pela brevidade eterna da tua presença
teus esboços de certezas concretas
que delineiam teu, o nosso caráter sutil e desencorpado

Prazer em abrir corpo e ouvidos para as tuas ordens
infantis de adulta mimada, general que impõe as estratégias de
[uma criança
que conquistou sua autoridade pelos caprichos do corpo,
pela curva dos quadris
pela angulação torta do pensamento
por descaminhos reveladores de tua superfície mais oculta
abonadora de tuas virtudes disfarçadas de vícios cativantes

Na melodia das dissonâncias da tua voz, o prazer imediato da
[curva que
não te define, da linha oblíqua que oferece o caminho torto que
[não te alcança
e que deslumbra os transeuntes que topam com tua natureza
[morta,
sempre ressuscitada pela autópsia de corpos retos, elementares,
mortos pelas tuas tangências

O ódio me sustenta

O ódio me sustenta
alicerça
o contrapeso de querer o que me esmaga
e concebe e não me sabe
O ódio precisa a exata necessidade
do que não preciso
e me dilapida, consumindo meu vazio
Como um calmo rancor
que embala a fome do toque
como o afeto da mãe que aleita o filho morto,
o ódio presta subversiva homenagem ao que amo.

Aqui

Para onde, por onde mira o desejo?
Que rosto, todo, detalhe,
que esboço, ato ou adejo,
que fim finaliza seu talhe?

Por que fim se esboça o princípio
que formula a intenção?
Por que todo se corta o início
que esboça uma ação?

Por onde responde
a queda do anseio
que encerra ao meio
o que de si e em si se esconde?

Por onde me venço e formulo meu pleito?
A que qualquer coisa estou sujeito?
De que tudo nada é feito?

Proximidade

Por muito próximo não se vê
o que se esconde
no espectro que turva
ou reinventa uma verdade palpável

Por dentro se percebe
o planeta como centro
que ao longe se descobre
poeira no universo

Por muito próximo
não se toca
a contemplação do todo
no corpo do desejo
da plenitude da obra
que se esconde no detalhe

Por muito perto se sente
a mão que acalenta
a pele da vontade
na carne da escultura
e por incerta distância se sente
a lâmina que esfaqueia a tentativa
empunhada pela mesma mão
que golpeia a projeção
e retalha a intenção

Por dentro, não nos vemos
Por fora, da visão do outro
nos atalhamos e nos criamos

Por invisível se esconde
a distância que conceberia
a arte do juízo
que se quebra
por se espreitar sempre próximo
o medo de ser só
distante da ilusão
que nos aproxima
de nossa fraterna colisão.

Dado

Deu-se sem saber a quem ou que
na medida exata
da forma que o encaixava
na forma inexata
da medida que o açulava

Deu-se, inequívoco,
por acerto trespassado
entre a burocracia do desejo
e a incerteza da intenção

Doou-se, exasperado
pela sede de doação
pela ânsia desesperada
do sentido de uma ação

Vendeu-se a preço
de uma verdade tátil
que tateou o desenho frágil
ao toque de sua criação

Ofereceu-se como sacrifício
à febre de sua ilusão
e foi ofertado ao consumidor
como oferta em liquidação.

Koussa

Não te vejo
mas te sinto onde te invento
bricolada na intenção do desejo

Não te sei
e sorvo o naufrágio do descaminho
de teu norte desorientado
onde me abandono e me perco
à margem do esboço do teu corpo
criado ressuscitado
à imagem e assimetria
de meu fim e recomeço
onde
por nada mais a perder
busco o ganho da perda
do que não te foi encontrado

No entanto e além
não te perco
porque te toco na ausência escalpelada
de tua pele
que acalenta e reveste
meu corpo incompleto.

Vingança

Lânguida, pastosa, a fome se esparrama
sobre os termos da vontade
qual calda que se dilui e se entranha
em sal que quebra todo sabor

Só a indigestão dos afetos contraditos
saberá responder ao paladar desta autofagia
que destempera a virtude

É preciso, pois, ponderar os dentes,
equalizar os condimentos da ânsia
e aproveitar as sobras
do que virá a ser evacuado

que o banquete dos sentidos
está por começar a todo momento

Posta a mesa, um corpo ainda vivo
sempre será servido: o telo meu, o nosso
para livre gozo dos apetites humanos e divinos.

Chantagem

Teu segredo inexistente se revela na projeção da tua virtude
se desvela na ação do teu vício
se perfaz na criação da tua face

Eu te chantageio pela digna mentira da tua persona
que ressoa o sonho da revelação
da natureza enganosa de uma pretensa verdade

Eu te chantageio (suavemente)
por te encontrares na irônica sombra
do teu avesso que sequer inverte
quem supostamente serias

Teu segredo inexistente existe de fato e de criação
na permanência lúcida dos teus enganos
na ação sábia e generosa da tua ignorância consentida

Tu agora és outro e já desarraigado de minha chantagem
estendes a mão cega ao teu próximo — teu único reflexo tátil.

Oferta

Eu te ofereço minhas mãos vazias
repletas de generosidade enganosa e doação inútil
Te ofereço um amor de plenitude chã,
raso como poça que espelhe o céu,
poça irrefletida de onde nasça uma flor tímida
logo atropelada por sua iminente morte e ressurreição
pelo pólen de suas secreções
espalhada a outros frutos vindouros,
também mortos e renascidos em ciclo desesperado
Te ofereço meus erros calculados, a sílaba balbuciante de uma
palavra mal colocada que queima todos os acertos
Te ofereço em sacrifício a angústia póstuma de minha despedida
por todos os anos que perdi ainda não te encontrando
Te ofereço meus pés desencontrados, felizes por terem chegado
à encruzilhada do teu descaminho
Te ofereço um tempo incerto
que atravessa a impermanência de sua duração
um momento projetado e incrustado
em deleites infecundos que durarão pelo espaço
de uma eternidade escorregadia
fincando nossos pés em solo movediço
Te ofereço meu suicídio em potencial,
minha semimorte tragicômica
em resposta à vida não pertencida
que te deixei roubar de mim
como presente em fuga
Te ofereço a fidelidade presa aos meus instintos
que ora se prendem à nossa entrecruzada sombra movediça
Te ofereço meu agora imaterializado
que se desfaz ontem e se recompõe em incerto amanhã

como outro instante que o traia em sua semelhança

Te ofereço a promessa silenciosa

de quebra de todas as verdades mudas

Te ofereço a traição da dúvida como prêmio

à tua existência insuportavelmente concreta

em sua coesa inexatidão

Te ofereço o desejo faminto por algo mais que não se define

e que reside ali a um passo nunca dado da descoberta

como oferta da paralisação do sentimento

que impede a locomoção mais elementar — a catatonia do gesto

do afeto que jamais se esgota em sua procura exasperada

Te ofereço uma constante tergiversação viva, dispersa em seu

[rumo certo,

grunhida, berrada aos solavancos pelas esquinas, imemorializada

e esquecida pela lembrança mais forte

de tua ausência nunca chegada de fato

Te ofereço meu todo despedaçado como espelho partido

que reflete tua imagem

distorcida pelos nossos cacos de não reconhecimento

Te ofereço a sincera versão

de uma insinceridade latente

posto nunca nos conhecermos

a ponto de nos amarmos em ideal necessariamente fabricado

colado neste esboço, neste rascunho

de uma oferta pressentida

no corpo da intenção que jaz

na reverberação de sua luz

que revela nossa escuridão

mais íntima e alentadora,

que nos cura do cansaço

de toda pretensa iluminação.

Criança

Nasce amor, obtuso, ignaro,
entre espasmos de espanto e medo
sujo da placenta viscosa do sublime
berrando pela perda do plácido conforto
do desejo indiferente

Cortado o cordão do ego uterino
segue amor em sua gênese intermitente
antisséptico
coberto de dor e espera
evacuando o vácuo da solidão
nas dores de seu crescimento

Tocando a existência
tateando a busca de seu sentido
morre amor em silêncio precoce
antecipando sua procriação senil.

Do que venha a ser

Sou mais aquilo que não fiz de mim
sou o que sendo poderia ser
projeto inacabado de presente
onde trespassado pela ausência
soergo a diáspora de receios e anseios
a outros mesmos cantos do que eu seria

Sou também o que me fizeram
tangenciado por acertos erros e projetos de outrem
objeto talhado pela (in)consciência coletiva
embalado pelas mãos do sono, do ódio e do afeto
que me despertam da ilusão de ser um só

Sou este ente pensado
criado recortado bricolado
pelo teorema dos meus nossos juízos sobrepostos
o mamulengo da sorte
a morder as cordas que me prendem e me protegem da queda

Sou o recorrente suicídio,
calculado tacitamente por intenções contrárias
como desculpa e apelo à permanência

Sou definitivamente a farsa do meu fim

Sou o histrião da repetição da invenção humana
a gargalhar da própria difusa fecundidade

Seria até minha desconstrução
não fosse esta meritosa condenação
de — supostamente — ser alguém.

Vir a ser

Quando vier a ser quem eu quero ser,
quererei então ainda ser o que quero ser hoje?

A culpa do que não me fiz ontem
se redime por ser eu hoje
o que nunca imaginei ser antes?

Serei eu amanhã
a vontade morta, póstuma
do que quis ser hoje?

Prescreve um crime pelo tempo do ato
Mas onde jaz a culpa do tempo de sua intenção?

Não prescreve o crime
pelo remorso do criminoso

Prescreveria a intenção
de querer ser eu
algoz do que sou agora
quando logo mais
nada mais quererei
do que deixar de querer ser
tudo além do que jamais fui?

Quando, pois, deixar de querer ser
tudo o que quero e quis ser,
serei algo mais do que quero
e, contrariado,
quererei algo menos do que sou

Onde e quando digo que sou, fui, serei
deixo de ser

Sou apenas
quando de mim me escondo
e a mim me traio,
não me achando.

Objeto indirecionado

A quem se dá a chance de algo ser
quando algo se perde por indefinido
quando ser não se verbaliza por definitivo
perdido por algo que não se cristaliza
onde mais se materializa a quebra

A quem se permite o acaso de ver
onde ver é verbo intransitivo
que transita para dentro da fome
que açula o paladar dos olhos
e roça os olhos do cego

A quem se ganha o privilégio do fim
em que morte é recomeço
da cega epifania do verbo indefinido
que revela algo mais do mesmo
quando chance é algo perdido

A quem por todos se percebe
algo de verbo
algo de cego
algo do mesmo
rompendo o fim
por indefinido
será algo de novo.

Perpétua

Daqui por diante
tornas-te obrigado a ser livre
a criar a móvel prisão
em que vives tua liberdade

Daqui por sempre
espiarás pelas grades
outras liberdades
agrilhoadas por tuas escolhas

escutarás
os envergados triunfos
de revoluções libertárias
na permuta de tuas celas

Daqui, por fim,
serás condenado
à torturante busca
de uma felicidade aprisionada
ao desejo do teu corpo
que libertará o tédio
do teu sono

Daí, quando acordares,
e tornares cativa tua liberdade,
prendendo-te à busca
do que queres amar,

verás que aqui é sempre um limite
que se move com teus passos —

movidos por aquilo que não pisam
(mas sentem)
e que te eleva
acima do teto do teu chão.

Herói moderno

Por covardia,
me escondo do medo

Tatuo na carne
a frágil armadura da força
onde exponho os ossos
de minhas convictas questões
e fraquezas

Por gula, crio os apetites
que sustentam a fome
que alimenta o vazio evacuado
das respostas

Avaro na doação de minhas virtudes,
por inveja me homenageio no outro,
este
que me oprime, exprime e redime
estilhaçando o meu, o nosso reflexo
em pedaços irmanados
que constroem
uma possível imagem
de humanidade

Por iracunda preguiça,
me abandono ao leito desesperado
de uma furtiva e esperançosa espera
pela poesia concupiscente
que há de nascer
da virtuosa confissão
de meus mais castos vícios.

Milagre

De tempos em tempos, necessita-se um milagre
Algo a ser visto, mostrado, não por sobrenatural,
mas por algo que toque e desvele a natureza mesma,
por onde ela se esconde na miséria de sua invenção

De tempos em tempos, um milagre:
um gesto, humano e natural que seja,
que resgate, por um instante,
(que embale a eternidade)
um corpo que cai em irreal realidade

De tempos em tempos, um milagre que nos veja
e acaricie os olhos vendados
de nossa cega mortalidade

Em tempo, um milagre,
para que enfim se veja
que milagre é todo tempo
que esculpe uma verdade

Milagre que revele
nossa transcendente humanidade.

Padeço do que desejo

Padeço do que desejo
O que quero me esmaga
e me embala
no inferno que me sustenta

Padeço do que desejo
O que quero me anula —
negando-se, criando o embrião
póstumo de sua falta
ofertando-se, corroendo seu valor
na volúpia da posse tátil
do que deixa de ser ao toque

Agarro-me, pois, à ausência fabricada,
acariciando, moldando seu corpo
à imagem e semelhança
do vazio impresso
que preenche o que não alcanço,

tateando o desenho febril
do avesso da vontade criada,
ressuscitando a criação
para que eu me reconheça
como a cria
de um desejo maior
que me transcenda

Padeço do que desejo
— e me curo em sacrifício
lançando-me ao abismo

da doação sem causa,
ao abrigo do céu
que espelha minha queda

Os apetites de Janaína

Janaína devorava sentimentos líricos com alcaparras
e cuspia fora sementes de mágoas alheias
De sobremesa as entranhas de seus cadáveres ainda frescos
Adocicava-os a ponto de quase ressuscitarem
ao sabor agridoce de suas presas

Janaína crudelíssima comia sonhos estéreis de rapazes utópicos
deglutia estruturas planas de relacionamentos estreitos
mastigava pausadamente convicções severas e objetivos claros

Janaína se deleitava lambendo os ossos
de seus pretensos algozes, sutis novilhas já no forno
com olhos revirados e nobres intenções no sal

Doce, levemente apimentada a lembrança de Janaína...
Saudades de seu apetite cego e voraz
Saudades de ser destrinchado
pela sua ausência de modos à mesa

Ah, o prazer tátil de ser devorado por Janaína...
Nem se preocupava em nosso cozimento, a Gourmet
Comia-nos crus, com olhos, mãos, dentes e corpo inteiro
Já nem nos lembrávamos de nosso espectro
enquanto iguarias prestes a sermos experimentadas
Éramos complacentes o alimento que nutria
os desejos especialíssimos de Janaína
que nem engordava, autofágica que também era, coitada.

Receita de preguiça virtuosa

Carrego comigo laboriosa preguiça
viciosa virtude insciente que me salva
de outros vícios capitais

Por me enganar em nada fazer
tudo ganho em nada perder

Mas há que se trabalhar o engano

Preguiça desmazelada
a de descansar os cansaços
de tudo querer:

um homem perde-se
na acídia de se ausentar
de sua criação fabricada

Perde-se a fábrica mesma
de uma intuição verdadeira
no árduo trabalho
de sua invenção

No vácuo materializado
da laboriosa preguiça,
construo o fingimento
que me invento, quando,
mesmo inerte, sou inventado,
cientemente preguiçoso
do mamulengo da sorte que me move

e, preguiçosamente, me deixo encenar
por todos os falsos apetites
que me consomem
— enquanto os devoro
com minha insípida indiferença calculada.

Enterro de uma possível ressurreição

O tédio corroeu meu poema:
entranhou-se no verso quebrado
da minha rotina carcomida
pela prosa burocrática do cotidiano
A preguiça estancou minha epifania:
esmaeceu o hiato épico
do instante lânguido do encantamento
somou a contagem cartesiana
dos segundos do porvir desenganado
aos anos escoados no passado desencantado
O sono matou meu sonho:
emprenhou de cansaços turvos
a inconsciência da memória criativa
impôs a lógica de uma treva calculada
à ficção feérica da invenção de mim mesmo
A espera matou minha esperança:
cumulou de desgostos entulhados
a utopia reticente aos fatos
que descrevia o lugar nenhum
de uma gênese sempre ressuscitada
O poema, no entanto, segue adiante
coroado pelo esquife que o abriga
sorrindo capenga dos destroços
que redimem sua glória previamente arruinada.

Saldo possível

Ainda há tempo a se perder
erros crassos a serem cometidos
desvios a serem tomados
quedas a serem erguidas

Ainda há vida a ser inutilizada
antes da morte da inconsciência
ainda há breus que iluminam desenganos
sabores insípidos a amenizar desgostos

Ainda há pela frente amplo espaço de fuga
o plano de um desmoronamento elaborado
a arquitetura de uma corrosão planificada

Ainda este esboço de um silêncio orquestrado
o monumento à paisagem fria e tácita do esquecimento
homenagem à utopia translúcida da desmemória

Ainda e sempre o gosto anterior ao amadurecer
a retomada irresponsável de uma infância perpetrada
antes do apodrecer dos frutos e da queda das ilusões

Ainda e antes do fim este permanecer estratificado
este abocanhar invisível de um momento que escapa
este agarrar inviável e complacente a uma vida que se esvai

Apelo irrestrito de permanência
o chamado etéreo e irresistível
de uma vida a ser inventada
de uma mentira a ser elaborada
de uma verdade a ser forjada

A gênese da imortalidade
pelo adiamento da realidade
O sono sonhado
contra um despertar inútil

Sempre ainda.

Feliz

De onde vem este sopro frugal
a macular minha doença?
Que verso compassado é este
que desalinha minha encruzilhada?

O esboço do corpo inviável desaba
ao toque estéril da alegria primeira

Ora virulento, o afago da felicidade
não mais se coaduna
ao sentido torpe de desvio
batizado por meu tempo

Protesto contra toda beleza
que, injusta,
corrói o bem comum,
esquartejado pelo desejo

Protesto contra o ego,
este que agora me encima
e me embrulha
oferecendo-me à doçura nefasta
de minha complacência

Protesto contra o êxtase,
que estupra meu sono

Protesto contra a plenitude,
que me arranca de meu beco

Mas meu berro não reverbera aos meus ouvidos
que só ouvem
o surdo som de meu sorriso.

Visível cegueira

Por onde vejo
desprezo tudo quanto desejo:

tátil é o prazer cego
com que os dedos tocam
e desenham o corpo fabricado

Por onde cego
subsiste o toque
no entulho cotidiano
de eternidade esgotada:

suicida é cada mordida
no que (me) devoro
de olhos abertos;

insípido é o gesto desesperado
de me tocar, abraçando outro corpo
desnudado de sua, minha aparência,

porque aparente objeto
é cada corpo
que se estilhaça
em cegos e invisíveis sujeitos.

Contradições coerentes e inconclusivas

Nada sobrevive ao tempo
senão o íntimo desejo
da permanência do afeto

Nada sobrevive ao tempo
senão a irrealidade corpórea
do desejo de um fim

Sobreviverá o tempo, indiferente ao desejo,
qual invenção humana
na contagem dos despojos
da perda do eterno
inaugurada pela consciência

Morrerá o tempo, complacente ao desejo,
qual invenção humana
na contagem dos ganhos
da criação da consciência

Reviverá o afeto,
qual realidade humana
reinaugurando o desejo
da restauração do tempo

Tudo sobreviverá ao humano
que subsiste à sua perene sobrevivência reinventada.

A verdade me persegue

me esquadrinha nos becos
me esteriliza em paz insípida
torce minhas dúvidas em repouso

A verdade me conduz
à cegueira da visão consentida
bloqueia minhas encruzilhadas e tangentes
obstrui a invenção de mim mesmo

A verdade não salva
e aprisiona libertações feéricas
rende sorrisos
complacentemente desdentados
vilipendia a imprudência redentora
limita a criação lúdica
de algo mais que a verdade

A verdade limita, mente ao se proclamar plena
e aliena tergiversações possíveis e necessárias

Em verdade, a verdade não se materializa
torna-se palpável de acordo com a correnteza

Em verdade, em paradoxo sofisma,
verdade não há
(primeira e derradeira verdade mentida)
apenas o consolo desconsolado
de pontes movediças
que conduzem à margem
de precipícios sólidos

Em verdade, há o caminho
a ser construído
em solo movediço

há o aceno ao longe de algo a ser perseguido
há a fuga da sombra inefável que persegue
há a tentativa de desapego ao chão limitador
calçado em verdade movediça

Em verdade, há a possibilidade
da desverdade lírica de cada mentira bem-intencionada
que arromba todo o embotamento de convicções surdas
e restaura a recriação de uma recorrente ressurreição.

Meu Credo

Creio no que crio
no que não me pertence
na posse de minhas perdas

Creio no recomeço de um fim que não finda
no propósito que não define seu objeto
e que ama despropositadamente

Creio na mácula recôndita e indelével do branco
que translúcida filtra sua impureza
na virgindade fecunda dos desonestos

Creio na luz
que cega os atores de uma peça sem enredo
inventores de uma historieta de coxia

reconfortados pelo apagar dos refletores
que refletem suas sombras no tablado
onde ressuscitará um novo elenco

Creio nas chagas abertas de um Cristo Criado
à imagem e semelhança de um Deus Imperfeito
feito carne, sublimação do tédio do sublime

Crio o meu Credo à imagem de minha criação
Crio minha crença, minha filha sem dogma
que abortará a gênese da certeza

Louvor

Abençoada a desgraça
que nos permite melhor perceber a Graça

Bendito o desgosto
que nos incita ao definitivo gosto

Bem-vindo o desencanto
que nos descortina a real utopia

Louvadas as cores contrastantes
que misturadas concebem o mesmo branco.

Prece

Tu que te deleitaste em tortura redentora
que permeaste tua ascese em irônica derrocada
fincaste os braços em abraço megalômano
naqueles teus algozes cujo ódio respondeste
com a vingança do teu perdão calculado

Tu que edificaste o mais belo projeto de fracasso
ergueste um monumento ao sangue derramado dos inocentes
e ao castigo afável perpetrado aos teus seguidores
Tu que arrancaste júbilo de tua dor projetada pela história
haverá de sorrir de cada ego intumescido pelas razões lineares

Teu legado é nossa rejeição à obviedade dos instintos
nosso apego incontido ao masoquismo que nos salva
a complacência sensual ao avesso e à mácula

Tua oferta magnânima é nossa dor incrustada de cada dia
nossa antropofagia esquizofrênica de teu sangue tua carne tua
[palavra
nossa tentativa melancólica de refutação ao prazer comum

Abutres redimidos nos alimentamos de tua morte
de tua palavra crucificada
do teu sangue coagulado em nossas entranhas

Teu corpo glorioso é repasto de teu rebanho antropófago
ávido pelo próprio abate reedificante

Por este alimento indigesto te agradecemos
Por este banquete dionisíaco
revelador de nosso sabor intrínseco

O gosto insuportável e irrefutável
De Tua de nossa carne em decomposição
continuamente recomposta em permanente ressurreição

Por esta orgia canônica em comunhão te agradecemos, Senhor.

Entregue

Aqui me tens como queres:
ressonância da voz de tuas contraditas,
sombra do avesso da troca de tua pele
cuja tessitura ressuscita e regurgita
a proteção anfíbia das velhas dobras
de teu corpo exausto de atávicas certezas

Aqui me tens como quimera:
desejo postumamente postergado
do que quisera vir a ser
na projeção do olhar de outrem
e em já não sendo ou vendo,
por preguiça de estar a ser
à margem de outro
e por não ver
além e aquém
deste estrabismo em comum,
aqui me vês como cegueira

Aqui já não me sentes
porque aqui já se perde
em ubíqua tormenta deste agora perene
que dispõe dos lugares
que nos enfia
para fora
da possibilidade de nós mesmos

Aqui me lembras como serias
na amplidão do espaço infenso
ao catre do ideário

do corpo de seus espelhos,
entregue às margens
que esquadrinham o deleite do teu sono
e descortinam os arredores
da descoberta tátil
do teu reflexo

Aqui me abandonas descoberto, nu,
líquido em múltiplas imagens
que evaporam à truculência da luz.

Traição

Dá-se fácil a traição, suavemente, líquida
como que encoberta por uma espera tácita
ansiada por angústia calculada, estirando as curvas
na desorientação das tangentes

Complacente, salutar
como um unguento da imobilidade:
punhalada redefinidora
da educação dos escrúpulos
que suga o esboço da certeza
e sangra a gênese da intenção

Dá-se amarga a traição
como a temperar
o sabor doce do desejo único
como a fustigar o tédio
dos paladares afeitos à tradição

Liberal em seu intento
irrompe em revolução silenciosa
pela infâmia aos blocos
da convicção inviolável
pela corrosão à luz
que cega a sombra alentadora

Dá-se fundamental a traição
que fundamenta a violação imprescindível
das margens do corpo
dos limites do sorriso
das limitações da lógica

Dá-se vital trair-se e ao próximo
a fim de pelo avesso
recriar-se a humildade dos propósitos
como condição orgânica ao perdão,
a fim de pelo engano
fundar-se o acerto
pelas costas do cadáver apunhalado.

Um amador

Amava aquém do amor
indigno descoberto do visco do sublime
epidermicamente limitado
à carnadura do sentimento

Não era correspondido e não se correspondia
no que fosse seu desprincípio amoroso:
princípio sem fim, justaposto à tentativa fracassada
de desinvenção do desejo
que insistia em ser criado,
não obstante a teimosia do instinto,
este também limitado pela feroz lógica
das razões que norteavam as paixões

Amava torto por ausência de retas
Amava errado por ausência de nortes
Amava sobretudo por inexistência de opção
posto que no vazio também amava a ideia do nada

Amava além do aquém de si mesmo
Amava para sua salvação:
infantil em sua pretensa verdade imatura
havia de não acreditar em nada que não fosse amor
Amava sim imaturamente
para não ter de apodrecer
antes de brotar.

Necrológio de um permanecente

Não tenho tempo para morrer
porque me descuido da vida
tergiverso de fatos e circunstâncias
irremediáveis e irredimíveis
Minha lânguida covardia
me salva da criação do meu fim

Sem tempo para a morte
porque tempo se cria
na revelação do hiato
entre uma intenção e um nada

porque morte não há
para o que se condena a estar vivo
na métrica de uma angústia planificada
postumamente à sua anulação

Não tenho tempo para morrer
porque de vida me consumo
porque de vida me anulo e me aninho
no colo das sutis mortes cotidianas
de meu tempo

Onde morte há (talvez) habite
a pretensa ilusão de um fim
Que seja
Meu fim eu entranho em meu princípio
onde o tempo é artífice de meu autismo voluntário
e consciente

do vital sonambulismo
onde permaneço

sem tempo
sem morte.

Projeto

Não se abster da utópica antevisão de paraísos irreais
Não se abster da irrealidade incorpórea dos devaneios
Que me sustentam.
Perseguir o sonho
equidistante entre a premissa e o concreto
tornar-se rigorosamente sublime nas atitudes ridículas
erguer a pluma com o esforço de quem carrega um mundo
(e vice-versa).
Projetar a vida como quem traça linha curva,
única distância possível entre dois pontos.
Esquivar-se das certezas póstumas
aproximar-se da dúvida concreta
penetrar o vazio como em coito ininterrupto
derrotar-se prazerosamente pelo acaso
ser levado pelas promessas de infidelidade

ser massacrado como quem dorme
ser vencido como quem flana
amar como quem perde
viver como quem rouba
dançar como quem morre
desejar como se tortura
perder sutilmente o eixo
para nunca mais achá-lo
às margens de si mesmo
conspurcar-se na pureza hedionda dos sonhos estéreis
tornar-se vítima da própria esquálida grandiloquência
jogar dados com a sorte carcomida vencida e morta.
Morrer continuamente como quem ressuscita sempre
desdenhar o fruto proibido

Por ter-se tornado lícito demais
tornar-se Deus
e desdenhar Sua criação
rir.

Colheita

Lamberás o fruto da promessa
semearás o grão do sonho
quando for tempo de engenho do afeto

Cuspirás a semente do fracasso
que, do chão, germinará a erva do desgosto
que enraizará teus pés ao solo movediço
que encobrirá teu corpo de casca espessa e árida

E tu, então, serás o próximo fruto a ser colhido
quando novamente for tempo de promessa.

Utopia do futuro do pretérito

Em algum lugar, encontrar-se com o encontro que não houve,
abraçar o corpo etéreo e tátil de um ideal não consumado,
abraçar o abraço extático, suspenso no hiato de uma intenção

Tocar o hiato, tornar o intervalo uma ação da memória
de um futuro impossibilitado pelo tempo perdido
Alargar o intervalo, o trágico intervalo entre um princípio
que se desdobra em um quase sempre ou um sempre jamais

Até que se expanda ao infinito o vácuo de uma palavra,
de um gesto semirrealizado
Até que se toque a palavra não dita,
até que se grite e se devore
o gestual da negação de um gesto
no ínfimo momento de uma memória eternizada,
fossilizada no ato de um quase.

Ou até mesmo que se engane a desmemória
do que jamais foi nem jamais seria,
porque o engano também se engana
na sua intenção idealizada.

Quitanda

Vendem-se verdades:
Cruas cozidas ásperas secas insípidas requentadas
para todos os gostos, aptidões e paladares
nos moldes definidos da safra ou opinião de cada estação
verdades mastigadas e regurgitadas para reconsumo cíclico
Vende-se a satisfação esquálida de um consolo provisório
de realidade provisória até que caiam de maduros
novos frutos vindouros de verdades pretéritas
em novíssimas embalagens
Cobra-se a tortura deleitável de um tormento fabricado
como soma e contraponto a uma previsível
desordem natural das contingências
Cobra-se a pretensa cura previamente apodrecida
que tampouco nos alivia do doce gosto de uma mentira bem-
[-intencionada
Em malefício do cliente, não nos responsabilizamos pelo contrapeso
da ingestão de meias verdades mal digeridas
e outras obviedades mal assimiladas
por razões e instintos gastrometafísicos
Como cura, oferecemos as mesmas velhas questões,
sem nenhum encargo ou despesa extra.
Quem dá menos?

Lembranças da nova era

Saudações aos velhos novos tempos
que trazem lembranças da nova era
recordações antevistas de expectativas mortas
sempre ressuscitadas na memória prenhe
de desejos inconclusos, frustrados e sempre revisitados.
Desejo imorredouro que reacende no momento seguinte ao seu fim
que cega o passado, atravessando o tempo e a razão
tornando jovem a pele ressequida
reconstruindo a unha podre e encravada
para novamente descamar a pele
para novamente apodrecer a unha
Maré de águas turvas e fundas
pretensa reciclagem de águas contínuas
emprenhando a praia redundante
cartesianamente casta como um primeiro beijo profissional
Moto-contínuo de palavras ditas, reditas
pretensamente inauditas
cão em círculo mordendo o próprio rabo
Furacão lento, lânguido
em infindável e tedioso rodopio
ladrilhos simetricamente enfileirados, miméticos
em seu perfeito aborrecimento continuado
varizes insidiosas, rugas deseducadas que vão embaralhando os
                                          [contornos,
entortando as retas, opondo as direções exatas
Apelo de permanência, de procura desesperada de um chão
cuja origem incerta já se liquefaz em seu fim duvidoso.

Pragmatismo quase utópico

De muito não me adiantou não ter feito o que não devia
Não me valeram virtudes os vícios não consumados
a não ser um nada beatífico, canonizado em esterilidade redentora

Não me valeram os andrajos dos bons conselhos
não tornaram menos insidiosa minha nudez encoberta
Caiu-me mal esta túnica de pele porosa
mapeada pelas erupções purulentas
dos meus desatinos não perpetrados

A bússola que me guiava paulatinamente me desorientava ao
                                            [rumo certo
tornando palatável o caminho civilizado de fugas frugais
que me desencontraram de minha partida
Não se consolidou não serviu não adiantou a construção de um
                                            [aprendizado:
soma torta de epifanias esquecidas
ao longo de uma cegueira mais alentadora

Meus utensílios mais caros são meus erros aglutinados
Meus tropeços construíram meu caminho enviesado
tangenciando minha espiral em direção ao equívoco
mais querido e primário da minha própria gênese

Enxergando pelas cicatrizes,
percebo ontem, cedo demais:
os destroços se recompõem candidamente, sempre
Supérfluas todas, as vitórias vão reverberando
sua fatuidade tediosa

As perdas são os verdadeiros ganhos que não angariam nada ao
[vencedor

Tudo é dispensável, tanto mais o estritamente necessário
Supérfluo é cada passo em direção a uma escolha
Plácidos são os prazeres vitais que deslumbram nossa
[desnecessidade
Inúteis são as dores que nos alimentam

E eis que se vê que não mais se interessa enxergar
E então me serve a armadura enferrujada de inutilidades em
perspectiva

E, pragmático, me empenho no uso dos desusos em questão.

Castelo

De grão em grão desfaz-se o castelo

Reedifico outros monumentos à memória das projeções
[desenganadas
Outros cultos ao porvir perpetrado no descanso da ilusão
e tornado presente nas paredes estratificadas de desgosto

Esgotado o cimento do autismo voluntário
reergo as muralhas do encantamento
à base da areia de uma tenaz ingenuidade
em torno à torre que apontará
o centro do tumulto das utopias particulares

De composição etérea, de fértil fragilidade
o castelo de devaneios recompostos
desabará ao primeiro sopro de realidade concreta
não menos concreta porém que a ponte inviolável
que me conduz à habitação
da permanente reconstrução do meu desejo.

De grão em grão refaz-se o castelo.

Ligeiro questionamento metafísico

Renunciar a que, se acaso fui renunciado
por meu desejo e intento?
Circunstanciado, crucificado pelos fatos,
me vejo em pagão dilema:
posto que a honra da recusa me foi imposta pela falta,
serei probo, santo, herói, ainda que tergiversado de convicção?
Cínico também não, insciente do despropósito que não me redime
nem sequer me define.

Bezerro indigno do sacrifício,
sacrifício indigno aos comensais,
serei eu mártir à revelia,
avesso à tortura canônica,
tangenciado pelos desconsolos da fome de Outrem,
cuja piada transcendente
digna de beato escárnio
encarna-se em humano destino?

Bênção à deriva, minha inação enviesada
será ungida pela revelação da dúvida
que alimenta a pureza espúria
do que quer que habite meu abate.

Sono

Desfaleço de um sono descoberto
Pesam-me as pálpebras carregadas dos entulhos da consciência
Em vigília espreito sonhos táteis que sopram meias verdades
à memória esmaecida do dia seguinte

Deito à cata de sonos mais profícuos
que perturbem meus descansos verticais
com insônias feéricas e ressonâncias líricas

Faço a cama dos despojos das utopias possíveis
me embrenho nos lençóis do porvir
E inicio a contagem dos carneiros
ornados para o próximo sacrifício

Amanhã, de pé, descobrirei meu reflexo sonâmbulo
e concluirei que ainda não são horas de acordar
Amanhã descobrirei que amanhã ainda não chegou
e voltarei ao leito das descobertas adormecidas

Meu sono cíclico vai se propagando por auroras propagadas e adiadas
Até que desperte de vez para um sono mais claro e menos
intermitente.

Ascese

Mede-se a queda
pela inversa escalada
do abismo

Emprenha-se o tempo
na reversa medida
de seu esgotamento

Esgota-se o fim
no tempo
de seu princípio,

onde mais se queda
o abismo,
caído em seu fundo
de céu infinito.

Revolta

Revolta-se em mim
o que incita o que não sei
e que me oprime
por onde não me sabem

Revolve-se em mim
minha ignorância
maculada pelo toque do instinto
de saber-se consciente

Não vejo por onde me esmagam
mas minha carne trespassada clama
pela compreensão do que a dilacera
e grita
pela ferida exposta
o berro desesperado pela espera
de um sentido
que justifique ao menos
a falta que me fere
que justifique ao menos
a dor ausente
do que ou quem escalpela minha voz
distante e esmaecida
por ecos de silêncio forçado

Pulsa e repulsa em mim
o grunhido expectorado pelos cantos
de meu cadáver sobrevivo
que ressuscita e dança ao som dissonante
da revolta viva
contra minha morte cotidiana.

Nunca, ainda, sempre

Às vezes, sempre é muito vago
porque nunca é o bastante
Nunca, ainda, não é raro
mas sempre é mais adiante.

Da arte

Um motivo que seja:
que nos arrede do que nos fica e finda
tocando a ferida, caminhando a cicatriz
e nos evada da dor, doendo no que nos move
fincando as unhas no cadáver de nossa ressurreição
resgatando-nos de nossa pele obsequiosa

Um motivo: palavra, esboço, som, gesto
que reflita a reinauguração do reflexo enganoso
salvando-nos da resposta objetiva,
que adorne nossa deformidade
com a invenção de um corpo infenso a seu esboço

Um termo que coloque princípio ao fim
que nos submeta ao pó de nossa construção
a fim de edificar nossa poeira
aos quatro ventos da encruzilhada
de nossa perpétua dissolução

Um motivo: pedra, pó, vento
razão que articula uma paixão
que nos desperte em vigília
para outra miragem
curando-nos do tempo
restaurando-nos
um engano mais prestimoso
àquilo que nos criamos.

Da beleza: baixas acepções

Beleza torta, turva, velada nos extertores do instinto
Beleza infame, calcada na vergonha da necessidade
sublime da sublimação da falta

que se alimenta da fome canhestra
do torpor de um ilusório fim de sentido

que se arrasta aos solavancos, em desesperada busca
de chão movediço que resvale num resto de horizonte

Beleza paga, vendida nas quitandas dos desvios de caráter
comprada aos pés da apoteose da carência

que morre na epifania da contemplação da culpa
que renasce no vazio tátil da imagem refletida

Beleza inútil, nula, que adorna os desvãos do nada.

Sem musa

Canto em silêncio o que não sei cantar
Canto o voo sem asas do sobrepeso do nada
a incensar o berro incontido da impossibilidade

Canto aquém de mim
o que poderia ser
a música insciente
do que me supera e me atravessa
o som dos ouvidos surdos
que aplaudem meu fim

Canto por fim o princípio do cantar
que é dizer ao léu
gradiloquentemente
a mudez da sobrevida
à luta perdida

que se ganha porém à margem do eco
destoada do coro consonante
da profissão de vozes uniformes

Canto o amador que ama torto
o canto trespassado pelas vaias do mérito
Canto o improviso sublime
do ensaio do despreparo.

Fábrica

O fato se perde
nas divagações que o sugerem

Perde-se a natureza
na origem da semente
do fruto do desejo
que a concebe

Plácida, toda intenção de real
dilui-se na fábrica do acaso

De fábrica em fábrica, revela-se
o espelho do que inexiste:
toda morte é um hiato da imaginação
toda vida é um atropelo da carne que a ultrapassa

Perfaz-se a curva (também fabricada)
que retorce as tangentes
e sublima as retas.
do afeto — também fábrica — restamos nós
iludidos
enganados
agraciados
por nossa opção única
de eterna reinvenção.

A um amigo

Por vaidade, te vingas
de quem não te adora
com a falsa indiferença
que tua íntima fome alimenta
e te devora

Por soberba, te vendes
a quem te ignora
doando-te ao preço
que negocia teu apreço
ao que te deplora

Te escalas ao avesso, pelo precipício,
caindo de ti, desde o início:
te apoias na pele do que não vês
rasgando a carne do que crês

E crês sempre no que te trai
cavando o remorso que te esvai

(receba, amigo, esta canção
como reversa oferta de perdão).

Partida

Partiste:
esquivamente, como quem
nunca chegou de alguma ausência
sempre presente, iminente

Vieste como quem alarga os becos
expandindo móveis prisões
a horizontes de intenções
nunca alcançados

e agora ausente,
rearranjas a decoração
dos espaços vazios
de onde se caminha uma sempre ida
a certo lugar nenhum

Partiste, assim como vieste,
de alguma desencontrada parte minha
que agora para sempre amputada
teima em se reencontrar
partindo do desejo partido
da tua volta.

Meu desejo

Meu desejo é minha procura
por onde não me acho

Se me encontro
me perco como oferta a objeto
Se sujeito, me consumo
à compra de uma liquidação.

Responsável por sua invenção,
deixa o desejo
de ser desejável

Ciente de si, irresponsável em si,
perde o desejo a resposta
por sua questão

(Se fora de mim, não me limito,
por dentro não me liberto)

Meu desejo é a procura
de onde e por que não me acho.

DO QUE FALTA

Quod erat demonstrandum

Nomeamos — por indizível — o que não nos cabe
Onde não há objeto palpável,
tateamos a criação de uma intenção
Quando dizemos amor, ódio, vazio, tudo, qualquer
dizemos corte
do que nos cabe em nossas frestas
por onde sopramos nossa voz descabida
a fim de estabelecer o espaço de um eco
que flertará com o elo de outro sopro
a ecoar um desencaixe desmedido

Tateamos descabidos nosso cabimento
na nomeação que nos tatuam:
quando dizem Jorge, Patricia, dizem
alguém mas não algo do que somos
ou projetamos ser pela nomeação de nossos sentidos
Quando dizem nós, dizem ninguém
quando nós entrelaçados somos a corda esmaecida
a amar o repuxo atrevido da refundação de outrem
em nodosa reprodução desassistida
pela força centrípeta do esforço de um toque
Embaralhamos, indevidos, a poética de nossa desnomeação
onde quando, por sem opção, lambemos a cria
do batismo de nossa escolha
— corte do cordão do embrião multivitelino —
que nomeará a gênese cartesiana
de nosso parto atemporal.

Falta algo

Sempre falta algo
Algo além do que limita o horizonte
algo mais ou menos
do que o caminho nos delimita
algo que atravessa o olho
que cruza a encruzilhada
para algo que se interpõe no meio
do desvio ou da queda
que me ergue do erro

Falta quase o que sempre resta
no cálculo preciso que pede vênia
à imprecisão da limitação dos sentidos
Falta pouco à perfeição dos números
que concebem uma estrutura
cuja matemática se esgota
na conta que não se fecha
no infinito que define
o que sou e o que me falta

Falta algo infimamente semi-imperceptível
na harmonia quase irretocável do traje
cujo corte toca uma fibra em desalinho
com a pele que permeia a curva
que não se adapta ao talhe do corpo
que se rasga e se costura
no afã de tocar algum toque que escapa

Falta tudo ou quase isto
ao desejo de algo

por algo não ser tudo
que não se esgota no esboço da vontade
Falta algo à sobra
do que nem sei mais querer
(falta à maçã a mordida
no desenho do seu corpo?)

Falta algo à tua ausência
que não se verifica
à falta
que faz a minha presença incompleta
que não necessariamente preciso
(Falta algo à realidade
que não nos informa
sobre a natureza
de sua transcendência
ou faltaria algo em nós
que não nos descobre em essência?)

Nada falta porém
à falta mesma
que esta se esgota e se completa
na impostura
de sua plenitude desbastada.

Nada menos

Nada
menos que nada:
aquém da possibilidade do silêncio
matura esta ínfima morte cotidiana
escoando nos poros, valas abertas
de um projeto inacabado de solidão

Só
menos que só:
a companhia da pele nodosa
e seus despojos de sangue e mágoa
ressoando sombras de descaminhos
na treva esmaecida da memória do amanhã
onde refulge esta luz negra
que ilumina toda palavra

Agora, já não mais:
nada, menos que nada
à espera de algo menos
que esta paz angustiante
que sufoca tudo mais.

Meu avô morto

Meu avô morto me fitava de olhos fechados
me olhava sem olhos mais fundo que os vivos
com a calma indiferença dos mortos
contemplava sereno meus olhos secos
sem emoções efusivas sem arroubos

Seu desaparecimento me lembrava minhas ausências afetivas
contrapeso de perdas futuras postumamente antecipadas
seu corpo imóvel coroava de gravidade muda e tátil
o balé de movimentos esquálidos em seu redor
(extrema-unção de vivos em descompasso)

Sua morte me lembrava
a origem futura do meu primeiro não
do meu primeiro aceno negado
do meu primeiro nada como resposta

Do alto de seu trono magno o esquife involuntário
meu avô pagava com redobrada crueza
cada riso zombeteiro de adolescência soberba
cada movimento brusco do meu ego incipiente

Meu avô morto estirado no caixão
me arrancava dos saltos da minha infância
me colocava em meu devido lugar
mais baixo que o chão que amparava seu corpo
mais baixo que a cova que o abrigaria
em seu repouso ofensivo à minha permanência

Meu avô morto me ensinou a excelência eterna dos mortos
e a esqualidez perene e precária dos vivos

A dor de sua perda não é tanta pela falta que me faz
mas pela presença muda de sua voz silenciosa
que desorienta meus descaminhos
que cobre de véu um enigma já indecifrado

A perda de meu avô é antes
o ganho de um vazio materializado
como cova sem caixão
(buraco inútil)
como um corpo sem vida
(buraco tácito)
como um gesto de recusa
tardiamente descoberto
(abismo pleno).

Valores

Quando muito, algo
quando nada, algo mais:
algo que se perde e ganha
no caminho da entrega
que se furta ao seu destino

Algo que se extravia
na troca da intenção e do acaso:
um corpo, um móvel, uma fala, um afeto

Quando tanto, a remuneração
do prejuízo calculado
pelo produto que se escamoteia
no desejo do comprador:
mais-valia tácita
de um vazio que se esconde
no fetiche de seu preenchimento

Vazio que se vende
no fundo de sua garantia
garantia que se aplica
no fundo de sua incerteza

Onde o vazio?
Onde o nada,
esta moeda abstrata
que se negocia
pelo preço de tudo?

Quando tudo,
a compra de bens imediatos
a posse desmedida do que se toca
e não se vê:
uma palavra, opinião, ética,
uma fome:
capital que adorna o desconforto
de se saber escolha ativa e passiva
em mercado sem valores fixos.

Conto

Era uma vez alguém
quase herói, quase vilão
quase trágico por quase nada
um quase ninguém por indefinição
sombra do projeto de uma figura indefinida
personagem esmaecida por uma ação inconclusa
por algum certo gesto não consumado

Era uma vez uma vida em suspensão
descompassada de um tempo alheio
ao seu próprio desejo e à intenção dos fatos

Era uma vez um quase alguém
fruto de desencontros acertados
verbos mal conjugados
e ações desorientadas
Fruto da perda de um começo
e da indefinição de um fim

Era uma vez a falta de sentido
um sabor acre de gosto nenhum
A insipidez branca de uma neblina
embrionária de uma tormenta

Era uma vez uma quase vida
pequenos movimentos dispersos inexatos
desvios de possibilidades objetivas
tropeços obstinados em direção certa

Era uma vez uma quase morte
não realizada por apego a quase nada
que se confunde ou se traveste de quase tudo

Era uma vez um contínuo permanecer
por falta de opções mais claras.

Jovem ancião

Envelheceste previamente
Antes de brotar, tua juventude já nasce antiga
Ideais enrugados, sulcos e promessas cicatrizadas
colhidas no ventre de seu perecimento
marcam a face de uma esperança idosa
que carrega seu esquife rumo à cova inexistente
Sobrevive só e à espreita o cadáver da eternidade

Condenado a vagar
rumo ao não encontrado
rumo ao alvorecer de uma velhice
que tornará jovem outra vez
o cansaço da tua busca

Viceja em tua já antiga juventude
a gargalhada ancestral
de um sorriso desdentado
que se ri, melancólico
da perda
da infante e dolorosa ignorância
que é se conhecer

Seria e sorriso desdentado
do velho jovem
que anseia pelas lembranças dos dentes
ainda não nascidos de uma criança
que mastigam o vácuo de sua inocência

Dentes não nascidos que não mastigam
a espera

que sorvem o infinito pastoso
da eternidade do instante sem tempo

Envelheceste jovem, previamente
sem no entanto perder tua fome de eterno
que é a única a amadurecer sem idade.

Manifesto da inabilidade

Nós, os inábeis, venceremos
pelo triunfo desenganado de nossas perdas
Por nossa atuação canhestra
haveremos de estabelecer a pedra fundamental
da apoteose do despreparo:
histriônicos, canastrões, falsários
de nossos sentimentos contrafeitos,
revelaremos pelo avesso
o disfarce de nossa nudez
expectorada aos cantos
de nossos vícios enviesados,
banhando de verdades tortas
o aleijão de nossas virtudes inacabadas

Nós, os inábeis, por nossa queda burlesca
desataremos o nó do sublime
descortinando a já anciã descoberta
de nossa ignorância ancestral —
bálsamo mais afetivo de nossa inutilidade

Nós, os inábeis, por nossa impostura sem cálculo,
infantes, esboçaremos o desenho febril
de nossa natureza fabricada

Nós, os inábeis, somos muitos, somos todos
Só nos falta o mútuo reconhecimento
para o sucesso luminoso de nossas sombras.

Distração

Amputando-me, me distraio
Um membro de cada vez:
um olho, um dedo, um braço, alguma certeza,
alguém, um sonho póstumo, outro e qualquer desejo
mal colocado na anatomia das perdas

Perco até a cada dia
o que não me foi ganho diariamente;
me desfaço mesmo das próteses:
um novo nariz de cera
ou nova intenção não encaixada
à resposta de um corpo externo

Vou aos poucos cortando os pedaços
e sombras do que não me fiz
até me distribuir devidamente fatiado
ao paladar insípido do açougue das perdas
onde me consumo e me devoro
como tumor maligno
que ganha vida e se espalha
destruindo o corpo em que habita.

Que, onde, quando

No sentido, me perco.
Me extravio
na premissa do significado.
Agonizo na intenção
da memória do amanhã.
Tergiverso
na recondução ao esquecimento
e me esgoto na permanência.
Quando sempre, estou efêmero.
Quando nunca mais, concebo
a pretensão do meu parto.

Conselho ressurrecto

Não retornes, Lázaro, a esta doença
não tornes a abandonar o conforto uterino
que acalenta o sonho que exaspera a fuga
de onde vive o fim do desencanto

Não entornes, Lázaro,
a dádiva de um provisório fim
pelas valas tortas de uma recidiva pergunta
que, por incessante, não vale o sabor do silêncio
a consumar o princípio do vento

que acaricia a perda
e cobre os frutos da memória
desdenhando os caprichos do tempo
incrustados nas mágoas da tua carne
e nos membros perdidos de tuas intenções

Não percas, Lázaro, o milagre da perda
que restaura a edificação de teus anseios
que retorna a encruzilhada dos lugares
que redime o objeto dos olhares

Não te deixes levar, Lázaro,
por duvidoso milagre ressuscitado
de vozes não ouvidas
e nunca esquecidas

porque morte não há
onde dúvida é perene.

Da inviabilidade da impossibilidade

Nascemos do improvável:
remota chance de vida em ínfimo planeta
aquecido por estrela de quinta
na periferia
de uma entre bilhões de galáxias

Nascemos do impossível:
onde fecunda o inviável,
se estabiliza a verdade criada
— e outros afetos mais íntimos

Nasce da improvável impossibilidade
este desejo obsedante de ultrapassagem
do inviável
de atravessar à outra margem
do intransponível
quando ofertados ao contorno de nossa encruzilhada
encontramos tempo carne e nada

Parimos então — sem condições —
condicionados pela urgência
os mesmos carne tempo e nada
e destes filhos nos tornamos embriões
casulos de razões esboroadas
que justificarão
a questionável impossibilidade do ser

Nascidos e nascedouros de remotíssima chance
seguimos sendo, urdindo milimetricamente
a ausência de nossa impossibilidade

enquanto impossivelmente
vivem
cada gesto
cerceado pela impossibilidade
cada impossibilidade
cravada pelos dentes não nascidos
de um feto inadequado.

Ventre

Por entre muros espio a fuga
que se move à espreita de abrigo

Movem-se os muros
acompanhando os passos
de seus fugitivos, confinados
até o outro lado da esfera

Remove-se o chão,
embalando a gravidade
que me mantém preso
ao equilíbrio
de me saber de pé

Ao alto, ri-se o céu
de seu forçoso limite
a olho nu que veste o engano

Fecho os olhos e enxergo o infinito
que não alcanço
e que me atravessa, incorpora
e me guarda em sua zelosa prisão.

Uma outra face

Dou-te uma outra face
em que ofereço
a reversa bofetada
que agride o afeto
com que acaricias teu mal

Toco tua indiferença
sangro as chagas do teu erro
crucifico teu abandono
ao pé da luz
que cobre tua ausência forjada

Enquanto cotidianamente
ressuscitas tua morte,
me ofereço à tua negada doação
conspurcando a sombra que te reveste
rasgando o ventre
da tua povoada solidão

Enquanto me ofereço
à tua rejeição obstinada,
recomponho o corpo
da generosidade desenganada

esculpindo em tua — nossa — carne lacerada
a obra em apelo
a uma comunhão desesperada.

Desabitação

Mora no abandono
uma ausência tátil
que jamais se despede

Habita no que me deixa
um desejo de desencontro
comigo, alguém algo
que por nunca inteiramente achado
jamais fora perdido de todo

a fim de que alguma encruzilhada
rompa a falta de um fim

Caminho no que me é distante
abraço o que me é ausente:
o que me falta me revela

Desabitado por perdas movediças
me abandono à construção etérea
do esboço presente
da minha ausência abandonada
(esta que nunca me deixa só).

O que não vejo

O que não vejo me observa,
me despe:
um rosto perdido,
presente na memória do impossível
um gesto desencontrado
ou esgotado na lembrança de sua negativa
algo ou alguém que se define — e me exprime —
por sua falsa ausência visível e tátil
de uma espera desesperada

O que vejo está aquém do que espero
O que enxergo, aquém do que alcanço

O que não vejo me enxerga
me toca me guia
e cobre de luzes
minha cegueira em espera.

Roubo

Primeiro roubaram-lhe a inocência, a festividade dos gestos
[incoerentes.
Depois impuseram o pudor, o rubor das faces, arrancaram as
[reações deslumbradas.
Mataram-lhe o espanto, usurparam as ilusões de sabores amenos,
extraindo a fórceps o gosto açucarado dos contos de fadas.
Ainda assim mantinha as ilusões do porvir ou de um presente
[encantado e estático.
Mas também lhe tiraram o futuro e emporcalharam o passado.
Sobrou-lhe a mancha úmida de um presente embotado e
[permanente.
Violentado pela realidade imposta,
ainda procurou alento em seu autismo quase póstumo,
nas gentilezas propiciadas por seus esconderijos
que davam acesso ao que sobrara de seus adornos,
onde ainda encontrava as cores que ilustravam sua fuga do que
[estava de fora.
Mas também destruíram estes atalhos, apagaram os restos das
[construções de si mesmo,
inventaram um personagem e lhe colaram uma face indelével,
[estranha aos seus esboços.
Desconsolado, ainda tentou manter-se de pé,
amparado em seus pés de barro.
Mas estes mesmos foram destruídos,
esmigalhados pelas hienas implacáveis
cujo riso projetado ainda ecoa em suas entranhas.
Desesperado por sentir seu próprio peso,
que nunca antes percebera.
E que cruelmente lhe deram conta,
quando o aleijaram.

Ainda tentou voar,

mas descobriu tarde que as asas estraçalhadas

já lhe pesavam mais do que podia suportar.

Descobriu então que o chão que o amparava também o prendia,

também o puxava inexoravelmente para baixo.

Em seu voo aparvalhado,

fora tragado por esta força gravitacional desumana,

concreta e abjeta como o estupro de uma criança.

Da queda, restaram seus pedaços

que ainda teimam em sobreviver à sua morte,

que insistem em permanecer ativos neste chão frio e imundo,

onde (não) repousa sua lápide de indigente, sem epitáfio.

Um vencido quando vence

Um vencido quando vence
desgosta da vitória
por não mais provar o gosto
do fruto do triunfo
que adoçava sua falta

Um vencido quando vence
novamente se derrota
por provar da memória
do sabor vindouro
da utopia da vitória

esta que agora apodrece
na colheita de sua insipidez.

Conselho

Você, que se aproxima
Não confie em mim
Não confie também em sua desconfiança
que se reconhece em seu reflexo invertido
Não se fie sequer em afastar-se
da inescapável aproximação de outro próximo
equidistante entre uma boa intenção desabável
e uma desverdade assegurada
na confiança de uma criação
que acompanha sempre sua solidão

Você, que se afasta de mim
não confie em si
Aproxime-se indevidamente
da também inescapável entrega
ao que e quem você não sabe
nem jamais saberá
tateando seu tato sem objeto
criando o corpo imaginário que toca
com seu desejo, intenção e desconfiança

Você, que por aproximação
tenta ausentar-se de si
confie na fuga em direção ao próximo
mesmo que a distância esteja sempre perto
presente e desconfiada.

Perdão

Me perdoe, por gentil misericórdia,
por algo que não sei se fiz
ou por nada fazer
que não remendasse o não feito

Me perdoe pela misericórdia mesma
esta concórdia que compartilha
nossa mútua miséria

Miséria de nos sabermos
passíveis de perdão
e de secreto gozo

pelo engano reiterado
da mágoa que não se redime
e se imprime

no cálculo compassivo
de nossa doação

Me perdoe por não saber
por onde nos perdoarmos

ainda que este erro
tangível e incalculável
nos una e nos abençoe
em nossa soberba incompreensão.

Pedido

Por gentileza, algo mais que a vida,
este apego a algo à falta de algo além

Por delicaceza, algo acima da existência
esta teima contínua
em continuar rumo a nada,
por nada se colocar
ao alcance de algum desvio redentor

Por obrigação mesma,
algo de menos que seja
que requeira algo mais que extravie
o rumo de um sentido ausente

Por misericórdia, algo aquém da morte
que me acompanha a cada tropeço
obstruindo o caminho de um fim

Por razão,
algo de cegueira passional
que não me desvele, antes me ultrapasse
e revele uma certa epifania que não se veja.

Ignorância

Não se sabe tempo o tempo que medimos
perdas e ganhos desmedidos pela ignorância da sorte
Não se sabe amor o amor que criamos
para compensar a desmedida que valemos

Não se veem os olhos com que adornamos
a imagem da criação que não entendemos
porém tentamos

Não se furtam as coisas de existirem
embora não se saibam e se ofereçam
ao nosso olhar e interpretação
em sua complacente doação sem causa

Assim não nos sabemos
e nos tentamos e nos doamos
com causa forçada, sem mérito
e nos criamos pela entrega
à nossa ignorância calculada.

Antologia do engano

Esta música que engana
com sua melodia orquestrada
que reintegra o caos de sons dispersos
no engodo da harmonia que me embala

Este quadro que me limita
em sua visão de uma ação que aspira ao todo
colorindo, matizando o instante que se dissipa
que se perde e se inventa na lembrança da mão que o pinta
e no olhar que o revela desvelando a intenção de sua pintura

Esta pedra que se quer gesto, ornamento, monumento, cidade
que se esculpe pela vontade
e se quer intenção de sentido
que se nega, volátil porém
como pedra complacente
ao toque do escultor que a inventa

Este toque que agride e acaricia
que também me engana, por concreto
e por responder ao sentido da abstração
que não o explica

Esta escritura, este poema que se quer ordem
ordenamento de uma realidade que se vê ficção
por ilusória mesma ser esta distração
que
palavra por palavra
gesto por gesto
toque por toque — nos distrai
de uma distração maior
que nos embala, ilude e inventa.

Aquela que se foi

Aquela que se foi não manda lembranças
Antes permanece como ausência tátil e consentida
entre o afeto deslocado e a memória do que poderia ser
Aquela que nos deixa permanece
próxima e distante como o conceito de humanidade
que abraçamos com complacência simbólica
e torcemos com retórica furtiva
coletiva em seus múltiplos desvios
que se distribuem e se destituem
no discurso que a define e perde
Aquela que se perde se ganha
na volta do que não se fecha
do que não morreu a tempo
de nos deixar inteiros
em nosso abandono incompleto
Nós, que não fomos
que exasperadamente não nos abandonamos
voltamos sempre — por distração do tempo —
para aquela ou o que quer que seja
que se perde no caminho.

Edição

Recapturado o momento fugidio que não acontecera
Por entre os dedos o alívio tácito de um toque não consumado
entranhado nos poros de uma possibilidade atávica
Enclausurado o instante utópico
entre paredes vedadas de memória criativa
Decupada a doce angústia
que antecedia o íntimo reconhecimento
de uma permanente antecipação
Percorridos os cheiros, tateadas as nuanças, calculadas as formas
de um casulo atemporal, nicho estreito entre porvir e quase
Filtrada a fantasia perene de uma perda semiganha
Vitória encantada de um fracasso tampouco concretizado
Reconduzidos hiatos e pausas aos recortes conformando
a concretude de um nada conquistado a desacertos convictos
Feito portanto por merecer seu repouso de sentido
na reconstrução dos incontáveis fragmentos
que ornamentam sua reinvenção
baseada nos falsos esquecimentos
e na ressurreição continuada de fatos deletérios
revividos no corpo glorioso da desmemória voluntária.

Retrato

Esboço o desenho da tua ausência.
Tua distância é minha companhia solene e insidiosa.
Ainda sobram os matizes da tua lembrança idealizada
mas o rascunho do contorno do teu corpo já se perde
na escritura imemorializada composta a sangue e mágoa.

Tua presença imaterializada se escreve a seco
como secos os olhos que já não veem
como ressequidas as mãos que já não tocam
apenas percebem a lenta composição do esquecimento

Fuga sem cor tons esmaecidos
quase nada sobre tela em branco
apenas uma mancha plácida —
sujeira indelével do projeto de uma obra sonhada
sem moldura, sem acabamento, sem começo, sem fim
apenas um projeto

Por isto mesmo — eterno.

Álbum

Reinvento a memória para caber no presente
Sou a sombra tátil de um tempo incerto
presa escaneada de uma foto ainda não revelada
ou talvez nem mesmo acontecida

Quando o passado brotar, despejarei os sonhos póstumos
na alvorada do meu recolhimento
Florescerá deste amontoado de recortes transversais
um álbum caótico de famílias que me povoaram
de imagens esparsas que compuseram meu rosto desfocado
de nomes trabalhosamente esquecidos
e fragmentos de um corpo fugidio
com as devidas dores e outros prazeres
nos membros amputados

Instantes antevistos rasgados antes da revelação:
da fogueira atemporal, cinzas das cinzas
que caíram por terra germinando outros frutos
outras ficções e semiverdades eternizadas
em ensaio permanente de fotos sobrepostas.

Desaforo afetivo

Não mais possuo os restos vivos
do teu desejo fabricado pelas circunstâncias:
é de outro hoje e sempre por enquanto
teu corpo materializado pela perda
Mas ainda sobrevive, impávido, o vislumbre constante
das tergiversações de teus (des)propósitos

Meu chão renovado é a tua impermanência
onde me aninho no ventre prenhe de tua incerteza
Meu esteio é o contorno infantil
de teus lábios crispados
em tortuoso irônico pretenso sorriso vitorioso

a zombar — inadvertidamente ambivalente —
insciente de teus tropeços calculados
e da urdidura de tuas quedas

Meus afetos sinceros
vão para teus nossos projetos previamente destroçados
onde e quando então, de nossos pedaços misturados
recolherei fragmentos
da memória de nossos corpos unificados

e erguerei a estátua de nosso assombro despedaçado.

À espera

Desde sempre, ainda te espero
quando tua ausência já se firmava
e fincava a esperança da morte de nosso abandono

Te espero continuamente
desde antes e depois
da espera de caminharmos juntos
não um caminho contínuo
mas um emaranhar de passos entrecruzados
desencontrados no encontro desesperado
de nossas encruzilhadas

Te espero no retorno
do que não foi ou será
mas na volta cíclica do que é
ou de além do que venha a ser
na perene presença da ânsia
na vinda eterna da descoberta sacralizada
na memória brutalmente onírica do instante
que arrebenta a fome do toque esperado
que inviabiliza o tempo
que implode a espera
e que revela tua presença atemporalmente
mais próxima
do que jamais conceberá a distância.

Não destemperado

A cada não, nova epifania de desencanto destoante
um novo verso capenga de melancolia esquálida
que encobrirá tumores fundos com estéticas rasas

A cada negativa peremptória, a afirmação da perseverança
o sorriso quase embotado porém confiante
de uma vitória final que não finda em não começar

Discrepâncias de assertivas tortuosas enviesadas
traduzindo recusas ostensivas rejeições incisivas
nuanças várias de um mesmo não positivamente afirmativo

que teima em brotar obstinado a cada instante
travestido em roupagem nova e variada:
novo rosto contrafeito, novo aceno negado
novo gesto de recusa, novo murmúrio indiferente
velho desmazelo de vontade contrariada

Soma de negativas acumuladas em bloco
reverberando contrastes rebuscados em resposta
a expectativas cristalinas em linha reta
a insipidez nauseante ante o gosto utópico
do objeto puro e saboroso a ser degustado

que não se prova porém
que se mantém equidistante
entre o aroma de um sim
que se percebe ao longe
e o destempero de um não
que atropela cheiros sabores paladares

De sobremesa a sobrevida ao tempero do desgosto
que incitará apetites não saciados
digeridos por pressentidas negativas em bloco

a revigorar o corpo
a passos contrários em descaminho sempre em frente
qual caranguejo de olhos vedados e boca aberta
a sorver o gosto da maré contrária.

Poema do desamor

Enfim já não te amo
Já não encontro em ti
o fruto da busca inconstante de onde não me acho
Já não me encontro no desencontro de tuas vielas
Já não me perco em teu corpo, procurando me desorientar
Já não acho em nossa fuga o único sentido que me anula
e me reconduz à prazerosa descoberta do vazio
prenhe da tua pessoa

Não mais me desespero na angústia reconfortante
de desbravar os teus descaminhos
porque perdi o norte de te caminhar
já não me encontro em tuas encruzilhadas

Tua presença se perdeu no esperado desespero de nos achar
Nos perdendo, nós desatados, já não sinto nossa falta

Para mim tu já não és:
me encontrei pleno
na lírica mentira silenciosa
do meu desamor.

Soneto indolente

Espero furtivamente, lânguido
por um milagre que não aconteça
por uma graça que me esqueça
ao pé da arte do descuido

Desespero a ânsia de um fato
pela ação do sono voluntário
ao infame despertar necessário
à póstuma comunicação de um ato

Exaspero a intenção de um desejo
emoldurando a foz de uma quimera
em vielas ao curso de um varejo

Sobrevivo atemporal ao fracasso
deitado a ansiar a espera
por outra utopia em descompasso.

Perda de tempo

Perda de tempo, dizem
Mas onde o ganhamos?
Na perda, ensaiamos o ganho
da experiência
e a desperdiçamos
nos hiatos futuros
do texto difuso
de nossos enganos

Perda de tempo, sussurram
E como o ensaiamos?
No seu uso, abuso de retórica:
conceitos utilitários que manuseiam
sua fuga
percorrendo os dedos
que agarram apenas
discursos planos

Perda de tempo, silenciam
E a que o somamos?
Em que o encaixamos?
Em caixão póstumo,
onde se veda participação ativa
de uma ação afeita
ao tempo que a anula,
de uma ação sujeita
à subtração de valores
que a permuta

Perda de tudo, esperam:
procriação das perdas
em gerações futuras
de novos enganos
consolidando o sentido
de supostos ganhos.

Porque

Porque já não respondo por minhas respostas
por não questionarem o afeto de minhas razões
porque respondo por me esquecer
de perguntar à pergunta
a natureza de sua intenção

Porque já não contesto o vazio
que acalenta e aninha minha dor
como um unguento a anestesiar
o que por criado ao vazio retorna
e recriado por outro caminho
percorre a gênese do alívio provisório
que apascenta a culpa
do meu tédio evacuado
que fustiga a pele anfíbia
do questionamento refeito
à maneira de um reflexo
refletido ao avesso de sua reflexão

Porque já não aguardo pela eternidade
e antes me ocupo de um breve instante
que me vale e traduz o tempo escoado
pelos cantos de um sentimento colado
ao pé de sua fábrica malemolente
que rebola ao ritmo incessante
de sua recorrente subversão
obstinada em cravar a perda
que define o ganho da carne
que reveste a minha sombra

Porque já não pergunto à resposta
o que define o molde de sua obra
que resta imprecisa, aberta
ao esboço da pedra rudimentar
à espera da mão que será moldada
pela escultura que a redime.

Posses

Tudo que ousei não ter
sempre me pertenceu,
mais ainda o que me perdeu:

por direito e por avesso
foi meu
o grito preso
que não aconteceu
ecoado na memória do esgotamento
escoado no som oco do lamento
incrustado no corpo
pertencido e perdido
na lembrança
do que não ou quase fui

Mas ainda sou — incompletamente —
eu —
a mim não pertencido
por mim vencido
pelo que me oprime e me imprime:
ganho de posse do que nunca sendo
enche o fosso do tempo negado
sempre e novamente evacuado
furtivamente se oferecendo

Tudo que ousei não ser
sempre me valeu
mais ainda o que me venceu:
encontrado no perdido

hei ainda de possuir
minha reinvenção
no desacontecido —
minha ruína a se construir.

Sentido

É também um sentido
a falta de sentido
precário provisório — como os demais
Sentido às pressas
a inventar a urdidura
de um quase nada fugaz
Avesso — como os demais
a tudo que o anula
permeável porém
à sua contradição
que é tudo o mais
que o ampara
e o permuta
por tramas iguais

É também sentido
o sentido da falta
à falta que faz
esta ausência arguta
a imprimir sentido
em dores reais.

Festa

Celebremos o tempo perdido
o hiato lânguido que nos alivia da tentativa
Celebremos a fuga que nos indica
o caminho alentador ao regresso uterino
Celebremos o nada que nos consola de quase tudo:
sono infértil que fertiliza o sonho

Celebremos a dor que nos desvia da inconsciência
cicatriz mal curada que nos desconsola
banhando de fel nossa placenta protetora
Celebremos a mágoa que revigora nossa queda
e nos torna aptos a desmoronar dignamente
Celebremos cada lágrima alcalina que salga nosso sorriso estéril

Celebremos a pausa de um prazer em perspectiva
ilusão palpável que nos torna entretidos
o suficiente para cultivarmos nossa prudência

Celebremos o esgarçamento da verdade
o corte transversal do fato
a apologia edificante de uma mentira necessária

Celebremos quem nos oprime
aquele que nos torna menos afeitos
ao nosso mesmo caráter opressor
Celebremos a injustiça que nos redime
de nossa desfaçatez entranhada

Celebremos nossa estupidez estratificada
que nos cura da pretensão de legibilidade

Celebremos o avesso
que desanuvia o tédio de nosso reflexo

Celebremos de olhos fechados nossa espiral descendente
nossa cegueira inexorável que nos descansa da revelação:
o contrário de uma imagem distorcida que corresponderá
a outro fim sem princípio definido

E, antes do descanso, celebremos o cansaço
Celebremos sobretudo o peso insustentável
de nosso corpo em movimento
O mesmo que nos sustenta e nos mantém de pé
Celebremos pois este paradoxo de permanência.

Disfarces do óbvio

Engana-se o olho com o que vê
Altera-se o que é visto
pelo olhar que observa seu engano

Por se saber aparência
aos olhos que o concebem,
o engano desfaz-se

Por se saber aparência —
engano enganado —
também o que olha,
ao engano concilia-se

E o engano compraz-se,
certo de sua evidência.

O enxadrista

Para ser vencido é preciso complacência
afeto distribuído às pequenas mortes do dia
carinho às supostas injustiças sofridas

que justas ou indiferentes aos alheios
reverberam em nós, derrotados,
como íntimo contrapeso de um nada
que nos redime de nossa consciência

Aos vencedores, o aleitamento do ego
Aos ceifados pelo aborto do triunfo,
a semeadura dos cacos do reflexo partido
que adoçará a boca dos rebentos da utopia

Para ser vencido é necessário um parto
para dentro de si mesmo.

Cantiga de acordar nº 2

Livrai-me do nada, eu pedia
E o nada persistia
Bravio, indômito, a vencer o meu dia
Como, de resto, nada mais podia
contra o nada, me rendi, furibundo
com nada mais a colher do mundo

Mas eis que um certo velho dia
do nada, plantei a epifania:
do nada, criei seu avesso
refletido na carnadura do começo
de um ato trespassado por seu fim:
liberto de nada, enfim...

Bastou um aceno ao vento
e este, em prestimoso lamento
me soprou, em tediosa harmonia
que o nada nada mais podia
contra a brutal indiferença
do nascer de um novo dia

Livrai-me do nada, eu pedia
e em alegre desespero, percebia
que de seu provisório desterro
o nada agora me sorria.

Falta

Quem sentirá tua falta quando faltares?
Importa a ti a tua falta
quando aqui não mais te achares?
Que falta faz a falta a si
quando a falta a ela mesma se torna presente?

Tu, que de ti nunca te ausentas
que de ti sempre te escondes
sabes bem
que tudo sobra
porque sempre falta algo que se ausenta,
desde antes que te abandonaram à vida,
quando nasceste
E até sempre
quando tu também
te encontrares na memória do que falta

Minto

Minto.
Minto por amor à verdade
por não me crer e não saber
como cheira a realidade

Minto por não me ver
Por sombra de caridade,
invento por me querer
doação à falsidade

Por sobrevivência minto
pela ausência sinto
não minto onde me dói
mas crio o que me corrói

Minto mesmo por engano,
forjo a mentira ausente:
até na mentira incompetente
minto por ser humano
verdadeiramente.

Fugir de si

Fugir de si
é tarefa inescapável
nem tão hercúlea
mas quase inelutável

Prender-se à sombra
do que de si se espera
é forçoso caminho
à complacente quimera

Mirar-se à margem
do que de si se inventa
é ater-se à sombra
do que de si se tenta

Fugir de si dá-se no avesso
do corpo em consonância ao tropeço
que a cair, por pulsão se levanta
ou por cotidiana morte, se agiganta

Escapar ao revés da fértil criação
que por criada se reproduz em máscaras
a esconder um rosto em furtiva traição
ao concreto que se quebra em cascas

Fugir de si em direção ao outro
ao encontro de outra invenção
fugir de si em fuga à resposta
Como resposta à responsável prisão.

Semiperdas

Das mortes que vivi
muitas não me mataram
Outras ressuscitaram
a fonte em que jaz o que perdi

Das mortes que me habitam
todas quantas me traduzem
as graças turvas que reluzem
aos ocos ódios que me incitam

Às mortes que matei
presto fúnebre estima
do que em inútil esgrima
me perdi no que ganhei

As mortes que vivi
de pouco me valeram
e a esmo pereceram
no vão do nada que perdi

Das mortes que vivi
muitas há que não cri
e em mortes não crendo
por tudo ou nada não morrendo
em vida ainda não morri.

DO CORPO E
SEUS SENTIDOS

O sangue corre

O sangue corre
nas veias do paciente terminal
em direção ao que não espera
em ritmo ordenado

O sangue escorre
nas mãos do assassino
coagula
no medo da doação

deságua, pálido
na curva da história
e não mancha
os dedos de quem a escreve

O sangue estanca
no cadáver da vítima
que se vinga, imóvel
da circulação sanguínea
desnorteada do tempo

segue
a arritmia de um coração impreciso
metáfora viva carcomida pela
anêmica pulsação do uso

De sangue roubado
se alimentam vampiros imaginados
e reais imaginários desumanizados

No sangue
e em outros líquidos contaminados
sobrevivem
vírus parasitários
e outros sobrevivos condenados

De sangue
se enche uma ereção
eivada de excitação
ou da fome de desejo
fabricada
por uma química ação

Sem estímulos
— reais ou forjados —
pelos vasos capilares
dilatados da sede
não corre o sangue

assim o sangue jorra
nas veias abertas do suicida
e para
no fluxo contínuo de
quem sobrevive à intenção.

Estilhaço de um reflexo partido

Quem é este que me espreita em meu reflexo?
Avesso turvo de um eu ignorado
imagem pedaço de um Narciso estilhaçado
sombra túrgida de um corpo desconexo
Princípio já antigo de um velho conformado
às nuanças da curva de uma espiral descendente
Reencontro atávico ao feto afluente
epitáfio vivo de um sonho ressuscitado
A que projeção se destina a imagem
partida da intenção de meu projeto?
Reflexo retórico de um espelho abjeto
a esterilizar o avesso de uma miragem:
tortura miserável a ser consentida
entre o embrião imaginário e o personagem sem vida.

Fundo sem superfície

A superfície desaba ao seu fundo
fundo este agora superfície
que reveste e sustenta
sua futura queda

A pluma desaba
ao peso de sua leveza
ou esboroa ao ar
que embala o voo de sua queda

Corpos se atraem
e se quedam e desabam
ao peso do voo livre
da colisão infundada
de suas superfícies.

Gênese

O filho do homem Cria divina filho de Deus pai
que gerou a mãe que concebeu o filho
que também é pai e fruto de si mesmo e de todos nós

Rebentos de tão puro e sacrossanto incesto
tateamos inseguros a placenta que nos cobre.

Árvore

Terreno fértil de negativas vai se adubando de hipóteses
A tentativa exasperada da concepção de uma árvore
reverberando suas raízes em solo movediço
erguendo suas copas até um incerto limite de céu
até vergar-se sob o peso de galhos tortuosos
que compõem a beleza definitiva do erro

Consuma-se: o fruto viceja na busca de um vértice inefável
          e o encontra na curva deformante que o conduz
          ao próprio umbigo

          Por fim e por início, refaz-se o fruto.

Um certo andar

Minhas raízes eu prendo ao vento
minhas origens se revelam em sendo
me crio na projeção de um verbo particípio contínuo
em uma constante em busca de sentidos dispersos

Deixo ao léu o legado de quem sou ou seria
não há sombra estática que me prenda a mim mesmo
minha alforria é minha morte que me espreita iminente
minha descrição objetiva é a do esboço de meu futuro cadáver

Não deixo rastros. Apenas intenções enviesadas
falsas pegadas logo apagadas por recorrentes reconstruções
Desbravo o caminho inverso da busca de mim mesmo
qual feto que volta ao aconchego do útero materno
e reencontra o conforto de um nada atávico

Nada ainda não foi o que achei.
Permaneço à caça de vazios
que transbordam de quase tudo.
Quase nada foi o que me revelou
todo este processo.

Me esforço no não reconhecimento de nomes familiares
que me prendam a uma forçosa e redundante linha reta.
Meu caminho é uma tangente com os olhos virados para cima
Fuga, dirão? Não, apenas um caminhar mais de acordo às
                                        [circunstâncias
Um desafino descompassado cartesianamente calculado.

Autofagia

Ave de rapina que se alimenta dos próprios despojos
de seus esboços de certezas e dos furtos da própria carne
tua carne envilecida é o repasto de tua memória
teu sabor é o do hálito de um feto.

A escritura é feita no corpo, onde as linhas do tempo se cruzam
com as negativas que contornam teu trajeto.
O tempo escreve o corpo que escreve a mão dos olhos que insistem
em tomar de assalto tudo que veem percebem intuem
e que não podem tocar.

Os olhos veem para dentro, espelho avesso que reflete
a mesma imagem distorcida de um corpo semiputrefato.
Há o alento permanente de uma eterna decomposição
sempre recomposta pela recomposição de sonhos imateriais.

Ave de rapina que se alimenta da própria morte constante
de cada segundo que escapa, de cada momento fugidio,
de cada vida que se esvai, de cada perda provisória
pois provisória é cada perda, fracasso, pois provisória
é cada morte.

Teus genitais, olhos, boca e mãos reproduzem teus filhos em série,
frutos da tua união contigo mesmo.
Tua reprodução prescinde de parceiros.
Teus filhos são teus projetos contrafeitos teus murmúrios
                    [desconexos tuas palavras ao vento teus
roubos mais íntimos que cometes contra ti mesmo.

Ave de rapina que vomita tuas verdades indecisas
para novamente sorvê-las
que se alimenta da náusea do contrassenso de viver
e do contrapeso de amar.

Abutre patético que insiste na pureza e no voo do falcão
teu voo é tua sombra presa aos teus pés
teu alimento é teu próprio cadáver ressuscitado.

Invisível

Ainda não me veem
mas já tomam de assalto
o que nunca me pertenceu

Já não me tocam
e contemplam o vazio tátil
das minhas chagas abertas

Percebem através do que não sou
a sombra viva da caricatura
dos meus ganhos em perspectiva

Intuem do toque sem tato
a pele ressequida pelas perdas
passadas em projeção

Dos olhos, vislumbram o tempo entranhado
nos desvios do desejo não consumado

Dos olhos, vislumbram a vida despendida
nas edificações dos atos trespassados

Não me veem
mas já constroem o monumento vivo
das ruínas que são minhas.

Ar

O ar que aspiro
inspira a indiferença
da brisa que acalenta
o teor do vazio

Vazio que respiro
é matéria do ar
que sustenta e alimenta
e mantém viva
a intenção de desvio

De ar me expiro
incitando a inércia
que respira a dúvida
da dor que me crio.

Sentidos

Escuta
é o silêncio que pousa em tua voz
como a explicação terna e cínica
do nada que te esmaga e afaga
como a língua das respostas
que lambem teu sorriso de esfinge, te povoando

Vê
é a cegueira que repousa teus olhos
do limite do horizonte
que outrora limitava tua encruzilhada
e agora abre caminho para que contemples o toque

Toca
o segredo escancarado da tua ausência
habitando a multidão de teus abandonos
reprovando o sabor da tua existência
erguendo o ar que sustenta tua queda

Sente
o aroma tátil da voz invisível
que lapida o confortável gosto da tua nudez.

Pele deserta

Sugava exasperado o leite já seco do seio negado
Sorvia ávido a afirmação atávica de uma negativa atemporal
tatuada na pele onde se estabelecia o desenho estratificado
do abismo entre um corpo e outro
entre mãos que nunca se deram
entre braços que nunca se enlaçaram
entre vozes que nunca ouviram o eco de um desejo imemorial

O muro edificado de complacentes intenções ao vento
Entre pontes próximas o nada materializado
dando livre vazão à não respiração dos poros
de um castelo insuportavelmente seguro
A não obtenção de respostas em resposta
à não formulação de perguntas
(utopia da única comunicação possível)

Ainda esta profusão de vozes
berrando surdas silêncios estridentes
Ainda este toque não consumado
abandonando mãos espalmadas em busca de matéria viva
Mãos em interrogação desesperada
eloquentes em sua descompostura patética

Corpos que não se misturam
que não atendem ao apelo ancestral
de uma mútua dilaceração
antes cultivam a sede que incita a ânsia infinita
Tempo que não se coaduna ao desejo de uma novidade já gasta
já esmaecida pela lembrança de um mesmo rosto colado ao próximo
de um mesmo seio negado onde se suga novamente
o mesmo leite outrora e já outra vez seco.

Nós

Sós, entrelaçamos nossas vozes
em nosso silêncio compartilhado
Tateamos a sombra mais próxima
a fim de estabelecer
a raiz da fundação de um eco

Será inútil,
mas da inutilidade
da concepção de um sentido palpável
brotará o toque do vento
que nos aliviará
da tentativa estéril e exasperada

Desatados de tudo aquém
nós entrelaçados
ventres abandonados
nos cobrimos da placenta do próximo.

Mesmos contrários

Há na saliva insípida uma gota de bile
extraviada do fluxo plácido da corrente sanguínea
extraviada do curso monótono da direção dos fatos
incrustada na dimensão subterrânea do sorriso complacente

Há no aceno parcimonioso um gesto autoritário embrionário
uma violência implícita nas mãos espalmadas em doação
Há na oferta uma agressão semirrevelada
uma semidescoberta do ego intumescido

Há no gesto heroico um coito beatífico sutilmente obsceno
consentido entre redentores e redimidos

Mas também na queda há uma reedificação à espreita
Na morte uma esperança cega e certa
da construção objetiva da falta de sentido
Na dor a expectativa do alívio consequente
e da descoberta epifânica do prazer pelo seu avesso
Há sobretudo no soco a confluência de duas peles que se tocam

Há no contraditório seu avesso cartesiano
a certeza da dúvida tácita e generosa
Há no momento seguinte
o questionamento acolhedor do instante anterior

Há em cada coisa sua inerente e ansiada anulação
A construção metódica dos opostos sobrepostos
formulando as suspeitas certezas alentadoras
A sombra do reflexo do avesso tornando-se
sua igual pelo reverso das posições

Eterna irmandade incestuosa entre Caim e Abel
Generosidade insidiosa do assassinato consentido
Fotografia estratificada em negativo
carcomida e novamente revelada e desvelada pelo tempo

Há neste permanente regurgitar de coisas
um apetite voraz pelo próprio vômito

Este prazer mórbido de se saber amálgama
entre tudo e coisa nenhuma
substância vária e contínua dos mesmíssimos contrários
e suas sucessivas camadas subliminares.

Território

Meu corpo minha pátria
solo infértil de incerteza
chão oblíquo
onde repousam meus cansaços

estrangeiro de mim mesmo
exilado de minhas raízes
busco tatear minha sombra
busco na projeção de minha matéria duvidosa
o contorno de minhas fronteiras movediças
o traço involuntariamente imposto (nem tanto)
do meu estado soberano democracia estilhaçada
por vontades desejos convicções fragmentadas
desconjuntura coesa conquistada por avessos e preguiça

o consolo da chegada antes da partida
ideia alentadora de terras países continentes a desbravar
mas a lembrança imemorial de um meridiano circular

o país é o mesmo
a terra a mesma
o universo o mesmo
as diferenças as mesmas
o infinito sempre o mesmo

E contemplo meus pés quase entediado.

Conto de fadas revisitado

Cerro os dentes e engulo a seco sapos rotundos
que me causarão náuseas físicas metafísicas não digeridas
não evacuadas assimiladas internamente como mal-estar
endêmico cristalizado no sorriso amarelo esqualidamente cortês

Os sapos pululam festejantes em meus órgãos ressequidos
sorvendo ávidos a safra imemorial de minha bílis acumulada
Suas sombras serão expectoradas pelas minhas feridas abertas
sobre cabeças mãos e bocas de quem não os merece
perfazendo assim o ciclo do encanto delicadamente nefasto

E me redimirei como príncipe dos despojos de meus algozes
e vítimas inocentes.

Autópsia de um sobrevivo

Parcelo minha morte em prestações a longo prazo
suicídio decantado cotidianamente balanceado
morte que se conduz em cada renovação preterida
morte fragmentada reordenada em perspectiva cubista

Brotará deste ajuntamento desvairado um feto renascido
úmido da placenta de um corpo recomposto em ângulos retorcidos
que servirá de alimento inesgotável à memória do que não fui
saciando a fome dos que planejam esboços sólidos de corpos
esquartejados

Minha morte se produz ontem, quando decido continuar
Meu corpo em movimento é adubo fértil de colheitas vindouras
que revelarão em horizonte promissor
a reedificação de uma vida fragmentada
redimida em negociações excusas
entre minha sombra e meu cadáver duvidoso

Morro vivo ressuscito ontem hoje amanhã
Meu tempo é sempre
Ou nunca, se preferirem

O cadafalso é que me ergue na descida
onde finalmente sorri minha autópsia viva e pulsante.

Vidicídio

Plantei em solo fértil o broto de minha cova
Sou a fenda vertical
de minha autópsia expansiva
viva
cavada aos pés do que me encima

Coberto de terra e céu
me esquivo da sobrevida
onde avesso ao meio
prendo o fim ao princípio
assim como seja em particípio
e para todo o sempre Amém

Plantei em solo fértil o broto de minha cova
e colho agora meu cadáver sorridente
que me incita à vida.

Cronologia da dor perene

Dói não sei onde
em foco que não se percebe
em pele que não reveste
em carne que não se sente

Dói a mesma ausência anestésica
Dói em horizonte projetado
Dói na inconsciência
Dói a inadimplência dos rumos

Dor física e metafísica
dor de origem inconcebida
origem desnaturada
natureza sem gênese
Metástase concêntrica sem centro
Dor evasiva invasiva ubíqua

Dói no prazer de amar
Ama-se no prazer de odiar
Dói a cópula de viver
Dor incondicional
condimento do prazer

O corpo que sustenta a dor
responde como seu próprio unguento
A dor sustenta o alívio
dos devidos vícios necessários
à manutenção da virtude maior:

a dor de amar e nada receber
prazer mórbido de doação inútil
dilaceração das chagas na oferta em vão

Continuar é doer indefinidamente
masoquismo perpetrado estratificado
nos dentes do sorriso da tortura complacente.

Um corpo à espera de uma eutanásia ou possível ressurreição que seja

O corpo permanece vivo
em lânguida morte que o espreita, adiada
Semiestático, o corpo ainda responde ao toque:
pulsão da lembrança de um desejo da intenção de uma resposta —
que não virá, antes pela indefinição de uma pergunta
e ora pela fadiga tátil da procura
O corpo ora adormece, ora se exprime
em espasmos de tédio e espanto
por não se perceber ou não se orientar
nos modos civilizados de seus usos e desusos
Por ora, o corpo se abusa de seus usos devidos e indevidos
O corpo não se deve nada que não seja
o devir de uma longa aprendizagem não concluída
e ainda não devidamente iniciada e sempre e ainda recomeçada
que se posterga para além de seu fim
Póstumo, o corpo realiza sua transcendência
em sua convulsão articulada
que deixa convulsionados os movimentos
e afetos de corpos ainda socialmente móveis e moventes
que adornam a patologia do ansiado paciente
cuja impaciência explode para fora da sua intenção esmaecida
para fora de sua consciência exaurida
para fora da vontade dos que o guardam, embalam e o esperam
                              (onde, como, por quê?)
O corpo se mantém vivo artificialmente,
com a ajuda do artifício dos que o esperam
Os corpos que o observam mantêm vivo
o artifício do cuidado com que o percebem

— e não o explicam
e se mantêm vivos, também, por ora e sempre
com a ajuda de algum artifício
em lânguida morte que se espreita, adiada.

Apologia ao urubu

Urubu se aplica generoso à limpeza dos despojos
Sua fome cidadã se endereça aos dejetos sociais
à limpeza do que olhos não mais ensejam ver

Urubu correto incapaz de roubar a vida
se alimenta de fins e desfechos já consumados
não luta pela sobrevivência
antes se nutre de mortes necessárias

Ave cristã despojada de ego
seu orgulho é seu probo papel
de remoção dos restos da dor alheia

Chama com garbo a feiura elementar das coisas para si
Apaga os adereços fúnebres do inconsciente coletivo
Sua presença feérica se produz
pelos olhares desviados
daqueles mesmos que o criaram
Sua presença feérica
é sua ausência nos contos de fadas

Urubu segue seu voo magnífico
levando consigo os desgostos sublimados
digerindo sombras desencantos misérias desilusões

Discreto, distante, habitante do esquecimento
Longínquo morador de um paraíso
feito de um rastro de mágoas evacuadas

O peso da dor mundana se escora em suas asas
E ele, plácido, voa leve
sem se dar conta de seu papel redentor.

Um cão, apenas

Um cão me olha
em bruta súplica de afeto
sem ambiguidade latente:
plácido translúcido mendicante

Atendo ao apelo do cão
entre constrangido e complacente
ao humano reflexo canino
do meu ganido silencioso:
enviesado turvo mendicante

O cão festeja meu toque
sem pejos ou escrúpulos de vergonha
insciente da minha pretensa indiferença calculada.

Forma

Mesma matéria nos forma:
átomos, prótons, nêutrons
a embalar a mesma substância
que nos conforma ao mesmo fim

Mesma ausência nos deforma:
dor, perda, mágoa
a desnaturar a natureza
que nos informa do óbvio
que não nos consola

Mesma presença nos reforma:
outro mesmo ser
objeto a refletir a inversão
dos mesmos contrastes
que nos tocam

Mesmíssima forma nos entalha:
carne, sangue, pedra
ao molde que não nos cabe
ao cabimento que não nos resolve
à indiferença
do que não nos informamos
do que nos cria e forma

Distintos talhes nos cortamos
a fim de tecermos o disfarce
das diferenças
que nos destroem e reformam

Do que mais além
nos forma
deforma
reforma
nos informa a resposta silenciosa sem forma
energia escura
a reverberar a pergunta
em frequente expansão
como universo
versando sua explosão a ruir
que nos confunde
e transforma.

Oratória

Pela palavra o gosto telúrico de um suave senso de sentido
    o fruto humano e pragmático do verbo original
    abocanhando o termo transcendente em escultura chã
Pela palavra a carne feita verbo
    o claustro da realidade inalcançável
    o indizível a ser composto em sintaxe
    o caos fruto do sistema impenetrável
    de acertos vários e hiatos infinitos
Pela palavra a criação dos fatos e edificação da história
    perplexa e precária captura dos afetos
    a criação do ser
    aos moldes do discurso inventado que o define
Pela poesia o avesso o estilhaçamento do sentido
    (ou seu mesmo reflexo refundado)
    tentativa fracassada e deleitável
    de reencontro com o instinto primitivo
    que reembaralha fins e princípios
    que descortina o tempo
        o verbo
        o ser.

Das impossibilidades da indiferença

Móveis e utensílios contemplam sem vida
usos e desusos de moventes que os tocam
e indiferentes
sem saber à indiferença
— que esta é viva
nascida dos que diferem —
na pele queimada
pela ausência do toque

Que indiferença é esta
que não se sabe a conceito
e não se cheira a verdade
não se percebe

Viventes desusados contemplam
sem nada
sem indiferença
a ausência incalculada do que nos move

Móveis e utensílios
de pele osso carne
e algo mais que nos difere e une
em violento bocejo embalsamado
que nos eleva à condição de coisa tangível
que se sabe a toque
e, no entanto, não se aprende tátil.

Claustro móvel

Como quando o corpo ata ou sublima
o sentimento e o subjuga à sensação,
assim nos esvaímos na carne,
esta que nos move e nos delimita
a libertação

Como quando o corpo nos desenha
em esquálido rascunho o que não nos vemos
e submissos ao traço
nos quedamos atados ao esboço
do que transparece
sentidos na também esboçada margem alheia
por sem escolha
nos estarmos caricatura

Como quando palavra que não nos define
como quando além que não nos redime

onde somos?

Multiverso

E daí, pergunto a ninguém,
se o universo é indiferente ao destino humano?

Por vingança involuntária, quem concebe
galáxias, estrelas, planetas, buracos negros e vazios,
sentimentos e sensações que povoam visões,
lugares e criações
é minha consciência

Se morro, durmo
ou mesmo tiro os olhos da lua
(ou minha boca da sua)
para cortar as unhas,
deixa de existir o universo
(e tudo mais ou algo menos)
como espaço tátil e intocável
como conceito fácil e inalcançável
que se transforma
em desolado parque de diversões
que o defina em sua infinitude
sem público

E daí, pergunto indiferente à indiferença,
se à margem de mim mesmo
me questiona — além do que não vejo,
além do que não sei —
aquilo que me sabe e toca?

Horizonte

A cidade se abre como encruzilhada complacente
convidativa em suas esquinas tergiversantes
em sua essência de boca porosa
engolindo seus transeuntes desavisados

Como um tumor não descoberto, produz sorrateiramente
a metástase dos seus espelhos coletivos
em reflexo deformado de seus narcisos singulares
sequiosos por uma falsa imagem do que
deixam de ver à sua frente

A cidade reflete a si mesma na projeção dos seus habitantes:
seus odores de rotina suas máscaras de concreto
seu plano mal calculado e ultrapassado pelo
progresso das circunstâncias
seu asfalto áspero dando solo
a sonhos desejos e convicções amaciados
pelo conforto estático dos transportes públicos
o trânsito caótico de suas vítimas ávidas pela colisão

A cidade sobrevive como geografia humana em perspectiva
ornada de monumentos estéreis de heróis desnecessários
sustentada pelo frágil vértice dos edifícios que miram um céu
[intangível

A cidade se fecha como resposta tácita a uma pergunta estilhaçada
Seus ruídos guturais sua falta de estilo seus cruzamentos enviesados
sua velocidade sem rumo seu grito primitivo e inescrutável
são o sentido lógico e equação exata de sua urbanidade inviolável

A cidade pesa sobre seus habitantes
como tentativa atávica e utópica
da construção de um lugar comum
para multidões de um só.

Na treva

Na treva, desenhamos o esboço da luz
para que nossa criação nos ilumine

Na treva, tateamos a voz mais próxima
que ecoa o calor de um corpo
que aquecerá
a multidão de nossas solidões entrelaçadas

Abrimos os olhos
e enxergamos com nitidez
a escura salvação que nos cega

Fechamos os olhos novamente
a fim de nos libertar
da cegueira que nos conduz
e tocamos nossa nudez desamparada
invisível a olhos sempre vestidos
por uma sempre clara ilusão.

Gravidade

A queda é livre, lânguida e constante
Cai-se de pé permanentemente
quando se pensa andar para a frente
Cai-se porém não para baixo
mas para o centro

(Chão: ilusão delimitadora
Impasse obstruindo a livre passagem
para algum cerne impalpável
Limite permeável de uma queda fictícia)

Destino convergente para incerto âmago
sucção irreversível de tudo, nada e algo mais
atração inviolável entre os corpos
desejo tácito de se tornar eixo
que se esboroa
no caminho da colisão
Pulsão de aproximação
Pulsão de choque: gravidade

Viver: cair aparentemente
não para baixo pois chão não há
mas para um centro em horizonte incerto
A queda é ascese para o corpo mais próximo

Fim e princípio frutos de uma mesma
miragem estratificada de terra plana

Atração e repulsão
Amor e ódio
frutos de um mesmo sentido
de atração inviolável entre os corpos
(Flutua à deriva a indiferença,
Sorrindo de nossa gravidade)

Corpos soltos ao léu que se prendem
por força indelével ou desapego à solidão
Corpos que aspiram ao paradoxo central e redentor:
fusão impossível, choque inarredável

Deitar-se como única tentativa plausível de libertação
Anulação bufa de uma queda farsesca:

Tornar-se plano como planície inexistente
Tornar-se chão como chão inexistente
Tornar-se centro como complacente colisão entre os corpos

E então levantar-se e cair para cima.
E tornar-se céu, este deslimite também ilusório.

Teoria da interdependência

Independe de nossa liberdade
nossa utopia de independência:
depende do olhar alheio a afirmação movediça
da criação de uma personalidade;
depende de nossa invenção a abstração
de nosso desejo por algo ou alguém;
depende de algo ou alguém
a aceitação da ação de nosso desejo.

Depende de nossa escolha a liberdade
viável a que nos conformam
teses dependentes de seus criadores;
depende de suas criaturas a conformação
do que venha a se chamar liberdade.

Depende de um patrão, estado, organismo
a liberdade econômica de nosso sustento.
A sustentação de um estado, patrão, engrenagem
é dependente do consumo de seus empregados,
consumidores de produtos — roupas, comida, livros, ideias —
que alimentam apetites, fetiches, vaidades
que os consomem.

Para criação de nossos produtos — ideais, sapatos, poemas —
dependemos da produção anterior
para desenvolvimento do futuro
à base do passado.

Dependemos do acaso para além de nossos esforços
Que nos oferece e retira condições e circunstâncias.

Dependemos sobretudo
do empréstimo
de uma razão de viver
que damos de graça à vida —
que depende de nós
enquanto conceito dependente
de nossa criação, observação e sobrevivência.

Um gesto

O toque fugidio de tua mão em meu braço:
ode canhestra ao acaso em descompasso.

Seria uma desatenção calculada do momento
ou epifania desarticulada enclausurando o tempo?

Seria a distensão lírica de um atalho
ou afeto bruto coroado em ato falho?

A resposta inconclusa de um suposto unguento
será o silencioso espasmo de meu tormento,

seria, não fosse a memória fossilizada
no apetite de uma circunstância,

a minha espessa sombra martirizada
na angústia de uma eterna ânsia

(o desvio do teu olhar em constrangimento
reconduz o tempo a seus recortes formais

desterrando o gesto do seu intento
a ele arraigando epopeias abissais).

Não basta

Te tocar não basta
Necessito sorver o tempo
que te habita
colando à minha sombra
tua eternidade fabricada

Te reter não basta
Quero antes escalpelar tua alma
entranhando nosso desejo
abaixo de nossa pele univitelina
confluindo nosso afeto
em uma só carne incestuosa

Não me bastas tu
mas a camada além
que reveste o reflexo
do teu corpo recomposto
no fluxo da memória
no refluxo do esquecimento

Não nos bastamos
mas para dentro de nossa incompletude
nos mesclamos em diáfano desencaixe imperfeito.

Em nome de quem

Orai uma prece ateia
pelos que têm sede de além.
Clamai pelo desnudamento
da carne da transcendência,
que conspurca o milagre da matéria
e avilta a encarnação da perda.
Santificai, pois,
a palavra muda que dispersa
a autoridade dos sentidos.
Tocai, de joelhos,
o chão do teu céu,
engolindo a epifania do teu esquecimento.
Comei e vivei
pelos famintos
do despojamento do tempo,
roçando a língua dos teus,
nossos sabores.
Comungai tua mensagem
no silêncio compartilhado
do nosso abandono.
Saciai o espírito
pela fome de toque.

Anatomia da espera

Por se saber sempre esperada,
a esperança atropela
escalpela
o ato de seu curso
e em seu discurso
esmaga o presente
qual promessa dissidente

A esperança não espera
e se desata em ação
de furtiva espera
por alguma intenção
de atemporal quimera

Espera-se até pelo que passou
por tudo quanto não ficou
tatuado em projeção
da ação contrafeita que restou

do resto sem sobra
que a esperança alcança
sem demora

Espera-se para agora
a morte da esperança
e que nasça, à mesma hora
a gestação de uma criança.

Em mim renasce o meu fim

Em mim renasce o meu fim
permanentemente
como queda perene de arlequim

Assim, revolve meu sim
a negar a morta criança
em ressurrecta dança
que havia em mim
a furtar cada célula morta
por cada outra reposta
em cada nova resposta
a enganar o meu fim

Em mim cada onda se quebra
em cada recife
e se regenera
em cada esquife
eternizando a imagem
de um retorno sem fim

Em meu filho não renasço
nele continuo
cadáver lasso
nele evoluo
na história
como memória
de minha morte sem mim

Em mim, se inscreve um motim
contra o recomeço do fim.

Autismo utópico

Aninho meus vazios como quem embala uma criança morta.
Acaricio a placenta das minhas ausências, dos meus hiatos,
das minhas horas desperdiçadas.
Edifico as paredes que me cercam com entulho prenhe
de silêncio fértil e ensurdecedor.
Fora, vozes estrepitosas remontam sons de sentidos póstumos.

A ausência dos móveis decora o branco da memória abandonada
(inúteis os utensílios quando se perde o gosto do palpável).
As vísceras adornam o corpo da sala pelo lado de fora.
Dentro, o cheiro de ar puro que exala de um crânio oco.

Tempo não há, apenas a lembrança constante do instante seguinte.
O teto me ampara, o chão me delimita.
As paredes esquadrinham tacitamente
a compreensão do confinamento consentido.
A gravidade atua para o centro de si mesma
causa confortável da paralisia dos móveis ausentes.

Um único habitante,
uma única vida
em estado permanentemente embrionário —
ao lado do seu fim.

Sadomasoquismo

Cai o espasmo de uma incerta melancolia
e do chão brotam de seus restos
frutos duvidosos de futuros sorrisos destroçados

Rasga-se o disfarce do desgosto
e de seus andrajos compõe-se a fantasia premeditada
de um carnaval insidioso que corrói toda nudez

Arranca-se da dor sua íntima expressão de prazer
Acalentam-se fracassos a serem convertidos
em sinais de uma pretensa aprendizagem

Queima-se o luto intemporal do desengano
e da chama desrespeitosa à treva necessária
nasce a fagulha que incendeia o descaso
de um corpo avesso ao seu repouso

Da cópula primeira, a semente
do torturante prazer da desnecessidade de sentido

Da cópula perene, a deleitável tortura
do princípio de um fim que não se concretiza.

Pathos

Fabrico paulatinamente um câncer de estimação
formado por fracassos, tropeços e desenganos
Sua metástase toma a forma de um placebo
que cura todas as verdades

O tempo destrói as doenças tergiversantes
e imprime a saúde falaciosa de um moribundo feliz
Meu câncer saboreia uma morte insidiosa
que desabona sorrisos afáveis e conciliadores
e retoma o contato de uma negativa permanente
de um gesto reprimido

Minha cura é minha doença deliberada
que incide sobre todos os consolos inúteis
sobre todas as crenças fatigadas
sobre todas as tentativas destroçadas

Meu câncer corrói as entranhas de um castelo de areia
e revela a arquitetura de uma destruição
planejada por construtores de apelos fáceis

Gozo de uma tácita podridão interna
que cumprirá uma terna elegia
ao primeiro verme que se debruçar
sobre um corpo já sem vida
que ainda repousa em movimento inútil

Meu câncer fecundará minha saúde estéril.

Antijogo

Socar o muro que me cerca
até que o sangue escorra
da carne lacerada
pela fome do toque de um outro

Vencer-se, por alguém, para alguém,
por todos em um só,
até que a mais sublime derrota
cubra de louros
uma vitória cega e complacente
a quem te esmaga

Reter a corrida, quedar-se ao chão,
ser o chão que acolhe os passos
de quem pisa sua possibilidade de céu

Erguer-se na queda, aninhar o soco
que acaricia a pele do perdão
e rompe o muro

Ser muro, muro que impede
a vitória sobre toda forma de doação.

Sobre o autor

ADRILLES JORGE nasceu em Campos Gerais, Minas Gerais, em 1974. Formou-se em jornalismo na PUC-MG e se especializou em arte moderna pela mesma instituição. É poeta, ensaísta, cronista, articulista e aforista. Atuou como repórter, editor, produtor de televisão, revisor, redator e colunista. Em 2015 participou do programa Big Brother Brasil. *Antijogo* é seu primeiro livro.

Este livro foi composto na tipologia Egyptienne F LT Std,
e impresso em papel off-white no Sistema Cameron
da Divisão Gráfica da Distribuidora Record.